Maria Wohlgemut

Einfach nur schön
Selbsthilfe für Haut und Haar

Maria Wohlgemut

Einfach nur schön

Selbsthilfe für Haut und Haar

Sonderauflage 2016 © by IAW Anstalt, Vaduz
www.iadw.com

ISBN: 978-3-7412-9917-9

Die Deutsche Nationalbibliothek verzeichnet diese Publikation in der Deutschen Nationalbibliografie; detaillierte bibliografische Daten sind im Internet über www.dnb.de abrufbar.

Umschlaggestaltung: www.layART.li
Umschlagmotiv: ©pixapay/hair/ornament
Illustration: ©pixapay/stationary

Herstellung und Verlag: BoD – Books on Demand, Norderstedt
Made in Germany

Internationale Akademie der Wissenschaften (IAW) Anstalt, FL-9490 Vaduz
Tel. +423/233 12 12, Fax +423/233 12 14

INHALTSVERZEICHNIS

Einführung 15

Die Haut als Organ 17
Haare sind mehr als nur Anhanggebilde 21
Haut und Haare im Zusammenspiel 25
Seelische Einflüsse auf Haut und Haaren 28
Äußere Einflüsse auf Haut und Haaren 31
Was hat es mit ererbten Hautschäden auf sich? 35
Was hat es mit ererbten Haarschäden auf sich? 40
Über Haut-Allergien 43
Über Haar-Ausfall 47
Was bewirkt moderne Kosmetik? 50
Krankheiten durch Kosmetik? 55
Die Macht der Kosmetik-Industrie 58
Kosmetik und Tierversuche 62
Die Verwendung von Düften und Farben in der Kosmetik 66
Natürliche Hautpflege 71
Natürliche Haarpflege 75
Rezepturen für natürliche Hautpflege 78
Rezepturen für natürliche Haarpflege 101
Schönheit von innen, was ist das? 121

Nachwort - Wir sind nicht ohne Macht 130

Wichtiger Hinweis:

Die in diesem Buch vorgestellten Informationen sind sorgfältig erarbeitet und geprüft worden. Dennoch kann keine Garantie übernommen werden. Es liegt in der Verantwortung eines jeden Lesers, wie er die Informationen des Buches verarbeitet oder nachvollzieht. Eine Haftung des Autors oder des Verlages für Nachteile, Schäden, etc. ist ausgeschlossen. Bitte beachten Sie in jedem Fall die Grenzen der Selbstbehandlung.

Dieses Buch ist kein Ersatz für die Schulmedizin.
Bei gesundheitlichen Problemen rate ich dazu, einen Arzt oder Naturheilpraktiker des Vertrauens aufzusuchen.

Liebe/r Leser und Leserinnen,

jeden Tag erhöht sich mein Bedürfnis, auf den Körper zu achten, zu spüren, was ihm gut tut und nach welcher Nahrung er verlangt. Für ihn Sorge zu tragen und diesem Tempel, in dem ich wohne, Achtsamkeit und Zuwendung zu schenken, ist ein Bedürfnis, das jeder Mensch in sich trägt. Es spielt keine Rolle, wie stark es ausgeprägt ist, wichtig ist, diesem Funken Körperbewusstsein gezielt Brennstoff zu geben.

Es gibt so viele Dinge, die der Körper braucht. Alle aufzuzählen, würde wohl den Rahmen sprengen. So beziehe ich mich kurz auf den Inhalt dieses wunderbaren Buches, das das Thema Haut- und Haarprobleme genauer durchleuchtet. Wertvolle Tipps zu Naturheilmitteln, sowie diverse Rezepturen runden das Thema ab, zu dem es so viel zu sagen gibt. Was aber nützen uns all diese Informationen, wenn wir sie nicht umsetzen?

Ich lade Sie hiermit herzlich ein, nachfolgende Impulse und Anwendungen in Ihren Alltag zu integrieren und sich vor allem selbst Gedanken zu diesem Thema zu machen. Jeder Mensch ist ein individuelles Wesen und deshalb ist auch das, was ihm gut tut – individuell. Ergänzen Sie dieses Wissen und entwickeln Sie Ihr maßgeschneidertes Wohlfühlprogramm, das nicht nur Haut und Haaren Freude bereiten wird.

Der Mensch trägt ein natürliches Kleid und das ist die Haut, die ihn rundum einhüllt. Diese Verpackung ist nicht nur das größte, sondern auch ein lebenswichtiges Organ, das viele Aufgaben übernimmt. Die Haut bietet auch in jeglicher Hinsicht Schutz – nicht nur gegen Druck und Reibung, das Eindringen von Mikroorganismen, Wärme, Kälte und Strahlung. Die Haut hat Gefühle, spürt sie, zeigt sie und drückt sie auch aus. Man muss nicht immer warten, bis die Haut Anzeichen des Unwohlseins erkennen lässt. Denn sehr fahler und trockener Haut oder anderen Veränderungen kann vorgebeugt werden. Man kann sich auch um seine Haut kümmern, bevor sie um Hilfe ruft. Auch die Haare brauchen unsere Aufmerksamkeit. Sie stehen für Lebensfreude, Fülle und Lebenskraft. Was Sie gezielt tun können, um Haut und Haare zu kurieren und zu pflegen, erfahren Sie unter anderem in diesem Buch.

Nun wünsche ich Ihnen mit diesen wunderbaren Worten von Maria Wohlgemut eine inspirierende Zeit. Fachkompetenz und ein praktisches Wissen zeichnen dieses Werk aus. Nutzen Sie die Chance, ein neues Verständnis für Ihren Körper zu entwickeln und das Gelesene samt eigenen Inspirationen in die Tat umzusetzen. Es ist nie zu spät, um etwas zu verändern. An jedem Tag kann eine wegweisende Kehrtwende eingeläutet werden, um Wohlbefinden, Lebensfreude und ein gesundes Körperbewusstsein zu fördern. Ob Montag, Mittwoch oder Samstag, der heutige Tag ist der richtige, um damit zu beginnen!

EINFÜHRUNG

Wenn von Haut und Haaren die Rede ist, verbinden sich damit automatisch die Begriffe von Ästhetik, Schönheit, Reinlichkeit und auch Eitelkeit. Aber nur, solange Haut und Haare gesund sind. Und man ist bereit und in der Lage, einiges dafür zu tun. Doch was tut man? Ist das, was man tut oder bisher getan hat, Haut und Haaren überhaupt zuträglich? Das wollen wir untersuchen. Fest steht nämlich, daß Haut und Haare der Menschen niemals zuvor mehr Schäden aufwiesen, als jetzt.

Unabhängig erblicher Vorbelastung muß grundsätzlich festgestellt werden, daß die moderne Kosmetik-Industrie mit ihrer rigorosen Werbe- und Verkaufsstrategie nicht schuldlos daran ist. Mit immer mehr chemischen Substanzen werden den Verbrauchern wahre „Wunderdinge" versprochen, die sich jedoch als teure Illusion erweisen und oft mehr Schaden als Nutzen bringen, auch im seelischen Bereich.

Dieses Buch zeigt auf, was zu tun ist, dem entgegen zu wirken. Es zeigt aber auch die individuellen Fehler auf, die durch Unkenntnis einer nicht leicht zu verstehenden Materie zwangsläufig entstehen müssen. Aufklärung ist daher die einzige Waffe der Betroffenen, das Gute vom Schlechten, das Natürliche vom Unnatürlichen unterscheiden zu lernen.

Aber nicht nur das: Wer den natürlichen Aufbau von Haut und Haaren kennt, wer weiß, welche Natursubstanzen in ihnen enthalten sind, wird schwerlich falschen Einflüsterungen erliegen.

Die Hilfsprogramme und Verhaltensweisen dieses Buches beweisen, daß die Chemie für die Gesunderhaltung von Haut und Haaren eine untergeordnete Rolle spielt. Sie hat nur da Erfolg, wo Bequemlichkeit und falsches Naturbewußtsein einhergehen.

Zurück zur Natur also? So weit als möglich! Das Buch beleuchtet die wichtigsten Aspekte und gibt Antwort und Anregungen, die Gesundheit von Haut und Haaren auf natürliche Weise zu gewährleisten - von innen wie von außen.

Vergessen Sie aber bitte niemals, daß der Zustand von Haut und Haaren auch Ihr Seelenleben widerspiegelt: Ist Ihr Körper-Seele-Geist-Prinzip gestört, können Haut und Haare nicht gesund sein. Selbst rein mechanische Schäden an Haut und Haaren sind meist neurotisch bedingt - eben durch ein gestörtes „Seelenleben".

Nach der Prämisse „Selbsthilfe durch Lebenshilfe" gibt Ihnen das Buch gerade für den seelischen Bereich praktische Hilfen, die zum positiven Bewußtseinswandel führen werden und damit auch zur allgemein besseren Gesundheit.

Lassen Sie sich bei Ihren Bemühungen nicht beirren, wenn nicht gleich sichtbare Erfolge eintreten, obwohl das möglich ist. Die meisten Schäden an Haut und Haaren haben sich in einem längeren Zeitraum entwickelt, ergo braucht es auch seine Zeit, die Schäden zu beheben.

In diesem Sinne wünsche ich allen Lesern meines Buches Erfolg, Freude und Besinnlichkeit.

DIE HAUT ALS ORGAN

Daß die Haut das größte Körperorgan ist, ist allgemein bekannt. Viele Redewendungen im Alltag verdeutlichen, wie wichtig uns die Haut, selbst im übertragenen Sinne, ist. Zum Beispiel sagt man bei Dingen, die uns gefühlsmäßig berühren: „Das geht mir unter die Haut." Oder: Bei Ärger und unliebsamen Begebenheiten „...fährt man aus der Haut." Bei Gefahr „muß man sich seiner Haut wehren", und die Begrenztheit eigener Möglichkeiten drückt man mit „niemand kann aus seiner Haut heraus" aus. Wenn jemand unbelehrbar zu sein scheint, sagt man: „Der hat ein dickes Fell." Dem Sensiblen sagt man nach: „Der ist aber dünnhäutig." Es gibt sicher noch viele solcher „Lebensweisheiten". Wenden wir uns aber nun dem Körperorgan „Haut" zu.

Die Haut ist ein Abgrenzungs- und Schutzorgan, das das Innere im Menschen mit der Außenwelt verbindet, sie aber gleichzeitig davor schützt. Wir kommunizieren gewissermaßen über die Haut mit der Außenwelt und nehmen durch sie alle Reize auf, die schließlich durch das periphere Nervensystem an das Gehirn weitergeleitet, entsprechende Reaktionen auslöst.

Der erwachsene Mensch hat eine Hautoberfläche von ca. 1,6 qm und einem Gewicht von ca. 10 kg. Sie besteht aus drei Hauptschichten. Die erste, äußere Schicht ist die Oberhaut (Epidermis). Die zweite ist die Lederhaut (Corium) und die dritte Schicht ist das Unterhautzellgewebe (Subcutis). Insgesamt ist die Haut nur wenige Millimeter stark. Die Oberhaut gliedert sich in vier weitere Schichten: in Horn-, Körner-, Stachelzellen- und Keimschicht. Die Keimschicht ist das Gewebe, aus dem sich die Oberhaut ständig erneuert. In der Lederhaut wachsen die Haare, die durch eine besondere Haarbalg-Muskulatur beweglich sind. Außerdem haben Talgdrüsen, Tast- und Schmerznerven, Lymph- und Blutgefäße sowie die Schweißdrüsen ihren Sitz in der Lederhaut. Das Unterhautzellgewebe sorgt für den Wärmehaushalt des Körpers und hat einen Mantel aus Fettzellen um sich.

Diese grobe Betrachtung des Hautaufbaus wird genügen, Ihnen viele Dinge in diesem Buch verständlich zu machen. Die Aufgaben und Funktionen der Haut sind mannigfaltig. Die wichtigsten wollen wir nachfolgend besprechen.

Eine der wichtigsten Aufgaben der Haut besteht darin, den Körper vor übermäßigem Wärmeverlust, der ein Versagen der inneren Organe zur Folge hätte, zu bewahren. Andererseits muß sie in der Lage sein, einen Wärmestau, der so hohe Körpertemperaturen erzeugen könnte, daß der Kreislauf versagt, zu verhindern. Das wird erreicht, indem die Schweißdrüsen bei Hitze Flüssigkeit abgeben. Diese verdunstet und somit wird dem Körper Wärme entzogen. Bei Kälte hingegen wird die Wärmeabstrahlung verhindert, indem sich die Hautmuskeln, die bei jedem Körperhaar eingebettet sind, zusammenziehen und das Haar aufrichten (Gänsehaut). Gleichzeitig schieben sich die äußeren Hautzellen zusammen und die Ausführungsgänge der Schweißdrüsen schließen sich. Die Folge ist, daß sich die Blutkapillaren der Unterhaut zusammenziehen und das in ihnen enthaltene Blut in das Körperinnere zurückgedrängt wird - die Haut wird blaß.

Neben Nieren und Darm ist die Haut auch unser wichtigstes Entgiftungsorgan. In den Schweißdrüsen gelöste, gasförmige Abfall- und Giftstoffe werden über die Haut ausgeschieden, was sich durch unangenehmen Geruch bemerkbar macht.

Die Hautatmung ist ebenfalls, neben der Lungenatmung, lebensnotwendig. Sie geschieht durch Sauerstoffaufnahme von außen und Abgabe von Abfallstoffen aus dem Inneren. Man spricht davon, daß der Mensch ersticken muß, wenn 2/3 seiner Hautoberfläche nicht mehr atmungsaktiv ist. Die Haut ist somit ein wichtiger Teil unseres Atmungssystems. Das Reaktionsvermögen der Haut ist gleichzeitig Schutz gegen mechanische, chemische und bakterielle Reize. Das heißt, jede Veränderung an der Hautoberfläche wird durch Nervenbahnen registriert, an das Gehirn weitergeleitet und von dort aus werden „Schutzmaßnahmen" eingeleitet.

Die Haut ist auch ein „Nachschublager". Sie speichert bis zu 15 kg Fett, Flüssigkeit und lebenswichtige Salze. Schließlich vermittelt die Haut Tast-, Schmerz- und Temperatureindrücke.

Die ganze Haut ist außerdem mit einem Fettsäuremantel überzogen, der vor Fremdeinflüssen schützt, Schäden „repariert" und sich in der Regel automatisch erneuert.

Das oberste Gebot einer intakten Haut aber ist, durch vernünftige Hautpflege für die Offenhaltung der Hautporen Sorge zu tragen und damit die Haut-Ventilation in Gang zu halten. Jede Vernachlässigung dieses Gebotes hat unweigerlich Hauterkrankungen zur Folge. Und hat sich erst einmal eine Alopecie eingestellt, ist eine Hautallergie nicht mehr fern. Zusammengefaßt hat die Haut folgende hauptsächliche Aufgaben und Funktionen:

1. Als Abgrenzungs- und Schutzorgan

2. Als Tast- und Kontaktorgan

3. Als Atmungsorgan

4. Als Ausscheidungsorgan

5. Als Wärme- und Kälteregulator

6. Als Sexualorgan (worüber noch zu sprechen ist)

DIE HAARE SIND MEHR ALS NUR ANHANGGEBILDE

Wenn von Haaren die Rede ist, bezieht sich das in der Regel auf die sichtbaren, ausgeprägten Haar-Strukturen. Daß das Haarkleid der Menschen eine kulturhistorische Entwicklung hinter sich hat, ist weniger bekannt. Zwar sind die Haare ein Anhanggebilde der Haut und bestehen im wesentlichen aus den gleichen Substanzen, jedoch haben sich die Funktionen der Haare weitgehend verändert; während die Funktionen der Haut praktisch unverändert geblieben sind. Der Haarwuchs an sich wirft heutzutage sogar soziologische Probleme auf: Das Aus- und Ansehen, vor allem bei den Männern, kann davon abhängen. Umfangreiche Studien in aller Welt haben bewiesen, daß seelische Probleme, bis hin zu ausgeprägten Neurosen, ursächlich auf Haarprobleme zurückgehen. Was Wunder, wenn geschickte Geschäftemacher damit viel Geld verdienen, den Betroffenen jedoch nicht helfen können. Wir werden darauf noch zurückkommen.

Selbst in der Umgangssprache haben die Haare, wie auch die Haut, ihren festen Platz: Wenn etwas nicht klappt, möchte man sich „die Haare raufen". Bei der Suche nach Ausreden spricht man von „etwas an den Haaren herbeiziehen". Schreckhaften „stehen die Haare zu Berge", derweil der Pedant „Haarspalterei" betreibt. Und schließlich ist eine gewagte Situation „eine haarige Sache". Doch wir wollen uns in diesem Kapitel mit dem Aufbau, der Struktur und der Physiologie von Haaren beschäftigen.

Ursprünglich war der Mensch, wie die meisten Tiere heute noch, ein völlig behaartes Wesen. Das war notwendig, denn das Haarkleid bot natürlichen Schutz vor mancherlei Unbill, vor Hitze und Kälte, Nässe, UV-Strahlung der Sonne, der Zerstörung des Säureschutzmantels der Haut, sowie vor äußeren, mechanischen Einflüssen.

Archäologische Funde, Schriften und Bilder beweisen, daß sich das Haarkleid der Menschen im Verlaufe von Jahrtausenden langsam aber stetig zurückgebildet hat - bis zu uns heutigen, relativ „haarlosen" Menschen. Das ist leicht zu begreifen, wenn man die Entwicklung der Zivilisation betrachtet: Kleidung, Schuhwerk, Kopfbedeckungen, Häuser, Öfen, Heizungen und Klimaanlagen haben den physiologischen Schutz des Haarkleides überflüssig gemacht. Es gibt namhafte Wissenschaftler, die für die Zukunft den völlig haarlosen Menschen prognostizieren. Eine unangenehme Vorstellung, nicht wahr?

Unabhängig davon hängt der Mensch aber an den Haaren, die ihm verblieben sind. Und eben da beginnen die Probleme. Nahezu 50% aller Erwachsenen haben irgendwelche Haarschäden. Dem einen fallen die Haare frühzeitig aus. Der andere hat sprödes, trockenes oder fettes Haar. Der Haarboden verändert sich, Schuppen und Flechten verhindern die normale Durchblutung der Kopfhaut. Die Haare spleißen, brechen ab, verlieren ihre Form und Farbe. Männlein wie Weiblein sind gleichermaßen davon betroffen. Jedoch sind viele Haarschäden „hausgemacht", was wir untersuchen werden.

Es stimmt übrigens nicht ganz, wenn wir vom „fast haarlosen Menschen" sprechen. Außer den Lippen, den Innenflächen der Hände und den Fußsohlen ist der ganze Körper „behaart". Allerdings nur mit einem fast unsichtbaren Flaum oder Wollhaar (Lanugo), als Relikt unseres ursprünglichen Haarkleides. Immerhin weist unser Körper so fast zwei Millionen „Haare" auf. Auf unseren Köpfen wachsen allerdings „nur" etwa 80-120 Tausend Haare, das heißt ca. 120 Haare pro cm^2. Bei Männern sind da kaum Unterschiede vorhanden. Bei Frauen hingegen haben Blonde mehr Haare als Brünette und diese wiederum mehr als Rothaarige. Warum das so ist, weiß niemand genau. Ich persönlich nehme an, daß sich die Haarmenge mit der Haardicke ausgleicht, somit also genetisch bedingt ist.

Haare sind rohrartige, schuppige Gebilde und bestehen aus Hornsubstanzen (verkrustetes Keratin), wie auch die Finger- oder Fußnägel. In ihrem Inneren befindet sich eine schwammartige Keratinmasse, das Haar-Mark, mit einem hohen Anteil an Fettmolekülen. Der Durchmesser eines Kopfhaares beträgt ca. 1/10 Millimeter, mit individuellen Schwankungen nach oben oder unten. Das Wachstum der Haare hängt hauptsächlich vom Alter, dem Gesundheitszustand sowie den genetischen Voraussetzungen ab. Im Durchschnitt beträgt der Längenzuwachs 0,3 Millimeter pro Tag, also rund 1 cm pro Monat. Wenn wir die Lebensdauer eines gesunden Kopfhaares auf 6 Jahre bemessen, kann das Haar eine Länge von 72 cm erreichen.

Erstaunlich ist die Reißfestigkeit der Haare: An einem Seil aus 100.000 gesunden Haaren geknüpft lassen sich bequem Tausend kg hochziehen, also 20 Zentner. Solche Leistungen sind nur durch eine „raffinierte" Konstruktion der Haare möglich. In der Tat, die Haare setzen sich aus überlagerten Schichten zusammen, die auf Druck und Zug ausgerichtet sind und damit kräftestabilisierend wirken. Die einzelnen Faserschichten wiederum sind untereinander mit einer biologischen Kittsubstanz aus Keratin verklebt und machen das Haar damit elastisch.

Das alles ist aber nur möglich, weil das Haar einen „Mutterboden" hat, nämlich die Kopfhaut. Zwar sehen wir das gewachsene Haar, jedoch die Wurzeln der Haare, und damit ihren Ursprung, sehen wir nicht, sie sind in der Kopfhaut tief eingebettet. Damit sind die Haare ein Teil unseres Hautsystems, die alle drei Hautschichten durchdringen. Die Farbe, die Qualität und das Wachstum der Haare haben hier ihren Ursprung.

Die Farbe der Haare entspricht individuellen Lebensprozessen. Sie bildet sich durch Zellen, die Farbpigmente aufbauen und in das Haarkarotin einlagern. In unserem Lebensraum kennen wir hauptsächlich zwei Pigmentarten: Das Eumelanin für schwarze und das Phänomelanin für helle Haare. Je nach Menge dieser eingelagerten Pigmente bildet sich die Haarfarbe heraus. Übrigens, graue Haare gibt es nicht, es gibt nur Haare mit oder ohne Farbpigmenten.

Bei einem Längsschnitt durch die Haut ergibt sich folgender Haar-Aufbau:

1. Fettzellen
2. Haarzwiebel
3. Schweißdrüse
4. Blutgefäße
5. Tastkörper
6. Talgdrüse
7. Haarschaft

Aus diesen Grundinformationen läßt sich leicht ableiten, daß jeder „Fremdeingriff" in dieses phantastische, von der Schöpfung ausgeklügelte System Schaden bringen muß. Hilfen sind dennoch möglich, aber nur mit oder durch die Natur. Was damit gemeint ist, werden Sie später erfahren...

HAUT UND HAARE IM ZUSAMMENSPIEL

In diesem Kapitel geht es ursächlich nicht darum, daß Haut und Haare Hilfe brauchen. Vielmehr geht es um Menschen, die wegen ihrer Haut- und Haarfarbe vieles erdulden mußten und heute noch müssen. Es sind vornehmlich die schwarzen Rassen. Sie leiden in vielen Teilen der Welt heute noch mehr als wir „Weißen" je durch Haut- oder Haarschäden leiden könnten. Ihr Leiden bedeutet oft Rechtlosigkeit, Verachtung, ja sogar Tod. Dieses Zusammenspiel von Haut und Haaren sollte uns nicht gleichgültig lassen, also gehört es zu unserem Grundthema. Unser Sozialverhalten darf sich nicht nur in „Eigeninteressen" erschöpfen.

Die Entwicklung der Rassen war evolutionär bedingt. Die Haut- und Haarfarbe der einzelnen Rassen entwickelte sich strukturell nach gegebenen Klimabedingungen. Das ist im genetischen Code der Menschen festgeschrieben. Etwaige Änderungen im genetischen Code sind nur in längeren Zeiträumen möglich; für unsere Betrachtung also nicht relevant.

Wir wissen heute, daß das menschliche Leben vor etwa vier Millionen Jahren in den Savannen Ostafrikas seinen Anfang nahm. Die Entwicklungsstadien vom Homo erectus (der aufrechte Mensch) über den Australopithecus (der südliche Mensch) bis hin zum Homo sapiens (der weise Mensch) der heutigen Tage war ein genialer Schöpfungsplan und ist für uns Menschen deshalb unerforschlich.

Entsprechend der geographischen Lage hatten diese Urmenschen eine dunkle bis schwarze Hautfarbe, ebenso wie auch ihr Haarkleid. Erst die Suche nach gemäßigten Klimazonen brachte die Urmenschen nach Mitteleuropa. Im Laufe von Jahrtausenden änderte sich dann der genetische Code und die weiße Rasse entstand.

Verehrte Leser, dies soll kein Exkurs über die Entwicklungsgeschichte der Menschheit sein. Aber diese Informationen sind notwendig, um die menschenverachtende Arroganz, Intoleranz und Überheblichkeit der weißen Rasse gegenüber farbigen Rassen zu verdeutlichen.

Es ist nicht wahr, wenn wir glauben, unsere Intelligenz sei größer als die farbiger Menschen. Diese scheinbare Überlegenheit ist nichts anderes als das Ergebnis gesellschaftspolitischer Einsichten. Bis hin zum ausgehenden Mittelalter im 16. Jahrhundert war Wissen das Privileg Einzelner, das einfache Volk durfte daran nicht teilhaben. Viele Farbige, die bei uns studieren konnten, haben nahezu in allen Wissensdisziplinen ihre Intelligenz bewiesen. Aber es ist wohl wahr, daß die weiße Rasse ihren Intellekt rein materiellem Streben unterworfen hat. Nur daraus erklären sich alle Unmenschlichkeiten Weißer an farbigen Rassen und Menschen - bis in die Gegenwart.

Die Unterwerfung und Dezimierung farbiger Völker, angeblich zur Christianisierung, ist und bleibt ein Schandmal westlicher Rassen.

Ausgehend von den Kreuzzügen im 9.-12. Jahrhundert, über die Eroberungskriege, vor allem der Spanier über die Inkas, bis zu der Fastausrottung der Indianer in Nord-Amerika hatten alle Bemühungen nur einen Zweck: Den Reichtum dieser Völker zu stehlen. Daß dabei unersetzliche Kulturgüter zerstört wurden, störte niemand. Viele Reichtümer in der „Alten" wie in der „Neuen Welt" sind durch Tränen, Mord und Unterdrückung unzähliger Menschen erworben worden. Damit aber nicht genug, wurden aus Afrika „Schwarze" als Sklaven geraubt, um nur ja die eigene „Machtvollkommenheit" zu beweisen und sich eine lukrative Geldquelle zu erschließen. Menschliche Schicksale, Gefühle, religiöse Überzeugungen wurden brutal zerstört. Ehrfurcht und Achtung vor der Schöpfung gab es nicht, handelte es sich doch nur um eine minderwertige Art von „Affenmenschen".

Was sich noch vor wenigen Jahren in Südafrika tat, ist nicht faßbar. An der Schwelle zum dritten Jahrtausend, in einer aufgeklärten, technisierten Welt und wie man meint, auch zivilisierten Menschheit, wurden 18 Millionen Afrikaner in ihrer angestammten Heimat von 4 Millionen Menschen europäischer Abstammung diskriminiert, vergewaltigt und als Menschen zweiter Klasse eingestuft. Und das nur wegen ihrer schwarzen Hautfarbe.

Die Nationen Europas verurteilten das zwar, machten aber weiterhin Geschäfte mit diesem menschenverachtenden Regime und stärkten so dessen Position. Welch ein Pharisäertum! Sitte, Moral, Ethik und Glaube wurden – und werden in vielen Teilen der Welt noch heute - auf dem Altar von Macht und Geld geopfert. Das kann nicht ohne Folgen bleiben. Die „Weißen" werden eines Tages dafür „bezahlen".

Der Aufbruch der „Schwarzen" ist längst im Gange. Diese Menschen empfinden heute Stolz wegen ihrer Hautfarbe und Rasse. Es ist nur eine Frage der Zeit, wann dieser Stolz den Materialismus der

„Weißen" so entwertet hat, daß uns nichts anderes übrig bleibt, als um Vergebung zu bitten. Welche Folgen das angesichts einer immer komplizierter werdenden Weltordnung für uns „Weiße" haben wird, weiß niemand. Es bleibt nur die Hoffnung, daß die „Schwarzen" mit uns gnädiger verfahren mögen als wir es mit ihnen getan haben.

Sie sehen, verehrte Leser, daß nicht nur unsere Haut und Haare Hilfe brauchen, sondern auch Menschen, die nur deswegen leiden müssen, weil sie eine andere Haut- und Haarfarbe haben. Es war mir ein ernstes Anliegen, Ihnen diese Gedanken zu vermitteln.

Bitte denken auch Sie einmal darüber nach...

SEELISCHE EINFLÜSSE AUF HAUT UND HAARE

Wer das Körper-Seele-Geist-Prinzip bejaht, wird nicht umhin kommen, die Kausalität einer jeden Organfunktion hinsichtlich seines psychologischen Einflusses zu untersuchen. Wenn dann letztlich festgestellt wird, daß dadurch ein physisches Manko entstanden ist, so ist dieses Manko nichts anderes als das „Endprodukt" einer Kette sich gegenseitig bedingender Fehler und Versäumnisse.

Schäden an Haut und Haaren können somit das letzte Glied einer solchen Kette sein. Machen wir uns grundsätzlich klar, daß der seelische und geistige Zustand eines Menschen gleichzeitig seine physische Beschaffenheit widerspiegelt - oder umgekehrt. Seelische Einflüsse können daher Reflektoren einer vielschichtig gestörten Persönlichkeit sein. Aber was sind überhaupt „seelische Einflüsse"? In der Psychologie heißt es, daß eine Korrelation (Wechselbeziehung) zwischen Bewußtsein und Unterbewußtsein besteht. Folglich können Sinneseindrücke bewußt oder unbewußt wahrgenommen werden und entweder äußerlich sichtbare oder innerlich unkontrollierbare Effekte auslösen. Beides sind aber Reizeffekte, bedingt durch energetische Umwelteinflüsse. Jeder Reizeffekt wirkt auf unser Gemüt entweder positiv oder negativ. Freude, Liebe, Güte oder Barmherzigkeit lösen in uns positive Effekte aus, die auch physisch wie psychisch positiv und damit organunterstützend wirken. Im Gegensatz dazu lösen Haß, Neid, Mißtrauen oder Angst negative Effekte aus und stellen damit das ganze Körper-Seele-Geist Gefüge in Frage.

Äußerlich sichtbare Effekte können z.B. Erröten, Erblassen oder eine „Gänsehaut" sein. Innere Effekte äußern sich in Aggression, Wut, Vernichtungsdrang oder der Verkrampfung der Magennerven. Aber alle Reaktionen stehen nicht für sich allein. Eine Fülle psychologischer und physiologischer Einwirkungen schließt sich an. Während die psychologischen Einflüsse gewissermaßen „Langzeitwirkung" haben, können sich die physiologischen Einflüsse spontan bemerkbar machen, indem z.B. der Blutkreislauf massiv beeinflußt, die Organfunktionen, vor allem auch im innersekretdorischen Bereich empfindlich stören kann. Ohnmachten, Schlaganfälle, ja selbst Herzstillstand sind bei plötzlicher Übererregung möglich.

In diesem Zusammenhang ist es notwendig, die Divergenz (Auseinandergehende) zweier bestimmenden Faktoren in der Psychologie, der Vernunft und der Vorstellung darzustellen. Jede Minute unseres Lebens ist davon beeinflußt. Ginge es nur um unsere Vernunft, wären wir Menschen nicht lebensfähig. Wir könnten die Risiken unseres Tuns nicht abschätzen und würden ständig von einer in die andere lebensbedrohende Situation hinein schlittern. Erst die Vorstellung unseres Tuns macht es möglich, Risiken zu erkennen und richtig einzuschätzen. Mit anderen Worten: Die Vernunft läßt uns das „Machbare" erkennen, während die Vorstellung die Durchführbarkeit des „Machbaren" überprüft. Darauf basieren übrigens alle Tricks und Leistungen weltberühmter Artisten, die uns „erschauern" lassen.

Ein Beispiel von Vernunft und Vorstellung möchte ich Ihnen geben: Stellen Sie sich vor, Sie sollen über ein am Boden liegendes Brett von 30 cm Breite und 20 m Länge gehen. Ihre Vernunft wird sagen, daß das kein Problem sei und Ihre Vorstellung sieht darin kein Risiko - also gehen Sie über dieses Brett und es wird Ihnen auch gelingen. Nun stellen Sie sich aber vor, dieses Brett würde in einer Höhe von 10 Metern zwischen zwei Häusern liegen. Was würde sich ändern? Ihre Vernunft sagt nach wie vor, daß das machbar sei. Ihre Vorstellung jedoch sieht die Möglichkeit eines Absturzes, was aus dieser Höhe tödlich sein würde, und sagt nein. Sie werden nun auf keinen Fall über dieses Brett gehen. Dieses Beispiel kann man praktisch auf alle Lebenssituationen übertragen. Das Ergebnis bleibt immer gleich.

Wenn wir nun die bisher erläuterten Fakten und Kriterien zusammenfügen, ist erkennbar, daß seelische Einflüsse durchaus partielle Schäden an Haut und Haaren verursachen können. In vielen Fällen sogar zwangsläufig.

Aber etwas spielt da noch hinein, nämlich die Wirkung optischer Reize auf Körper und Geist, Physis und Psyche. Nichts kann beides voneinander trennen. Optische Reize oder die Empfindung eines optischen Reizes bedingen sich kausal. Nehmen wir auch hier ein Beispiel.

Wenn ein optischer Reiz auf die Netzhaut des Auges trifft, geschieht folgendes: Der optische Reiz wird auf der Netzhaut in elektrische Schwingungen umgewandelt. Die Augennerven leiten diese Schwingungen weiter an das Gehirn. Das im Hinterkopf liegende Sehzentrum wandelt diese elektrischen Schwingungen wieder in den ursprünglichen optischen Reiz um, z.B. ein Baum, ein Stein, ein Bild usw. Das ist die physisch bedingte Seite. Die psychische Wirkung hängt ganz davon ab, welche Qualität der „optische Reiz" besitzt.

Sind also Haut- oder Haarschäden vorhanden, die sich auf negative seelische Einflüsse zurückführen lassen, sind diese Schäden meist reparabel. Allerdings ist dazu eine grundsätzliche Umstellung zum „Positiven Denken" notwendig. Es muß gewissermaßen erst der „Schutt der Seele" weggeräumt werden. Im Kapitel „Schönheit von innen, was ist das?" komme ich darauf zurück.

ÄUßERE EINFLÜSSE AUF HAUT UND HAARE

Ohne nähere Betrachtung unserer Umwelt kommen wir in diesem Kapitel nicht aus. Aus diesem Grunde werde ich, zwar emotionslos, dennoch engagiert, den derzeitigen Zustand unserer Umwelt beschreiben. Dabei werden wir feststellen, daß gerade die Umwelt unsere Haut sehr tangiert.

In der Einführung zu diesem Buch ist bereits festgestellt, daß Haut und Haare der Menschen niemals zuvor mehr Schäden aufwiesen als jetzt. Daß dabei die Schäden der Haut überwiegen, ist klar, die Haare als Anhanggebilde der Haut werden aber automatisch mitgeschädigt. Es ist daher zu fragen, warum das so ist. Andererseits muß es eine Erklärung dafür geben, warum Menschen vergangener Generationen weniger Haut- und Haarschäden aufwiesen. Schließlich muß bedacht werden, daß uns die allgemeine Wirtschaftsentwicklung finanziell in den Stand gesetzt hat, einen Teil der Einkommen für die Haut- und Haarpflege ausgeben zu können. Liegt vielleicht gerade darin die Begründung für den desolaten Zustand von Haut und Haaren? Und was sind überhaupt „äußere Einflüsse", wie wirken und was bewirken Sie? Welche Faktoren lassen die Umwelt immer lebensfeindlicher werden, so daß ein rapides Ansteigen von Haut- und Haarschäden vorprogrammiert zu sein scheint?

Es sind eine Menge Fragen, verehrte Leser, die zu beantworten sind. Sicherlich hat niemand ein Patentrezept, auf alle relevanten Fragen schlüssige Antworten parat zu haben. Aber vieles ist individuell erreichbar, was in der Masse kaum durchsetzbar sein würde. Das „Individuelle" jedoch liegt dem Gedankengut „Selbsthilfe durch Lebenshilfe" zugrunde. Das Problem „Umwelt" löst zur Zeit hektische Aktivitäten bei den Politikern fast aller Kultur-Nationen aus. Aufmerksam gemacht durch relativ kleine Gruppierungen wie z.B. „Greenpeace" oder „Grüne" möchte man Versäumtes schleunigst nachholen.

Freilich wirft das Probleme auf, die den Erfolg solcher Bemühungen in Frage stellen:

    1. Viele Umweltschäden sind kurzfristig irreparabel wie z.B. „Ozonloch", Boden- Wasser- und Luftverseuchung.

    2. Die Groß- und Multiunternehmen denken gar nicht daran, einen einmal eroberten „Markt" für ihre Produkte freiwillig preiszugeben.

    3. Die politische Macht liegt primär nicht in Händen der ausübenden Politiker, was man wohl weiß, sondern sie ist vielmehr dem Ermessen industrieller Interessengruppen anheim gegeben. Das Geld regiert die Welt und nicht die Notwendigkeit ihrer Erhaltung.

Diese Gründe - oder auch Probleme - lassen schnelle politische Entscheidungen nicht zu, selbst wenn es um akute, kaum mehr wiedergutzumachende Schäden an der Natur geht. Ein symptomatischer Beweis ist der Streit um das Verbot von FCKW (Fluorchlorkohlenwasserstoff), einer chemischen Verbindung, die durch Sonneneinwirkung den Sauerstoff der Atmosphäre an sich bindet und damit regelrechte „Löcher" in die uns umgebende, vor UV-Strahlung der Sonne schützende Ozonschicht frißt. Zweitausend Tonnen dieses gefährlichen Treibgases werden jährlich - vorwiegend durch Spraydosen - in die Luft geblasen. Das ist völlig unnötig und dient mehr oder weniger der Bequemlichkeit als einem sinnvollen Zweck, aber das trifft auch auf andere Bereiche zu.

Dieses Treibgas könnte sofort verboten werden. Statt dessen einigt man sich politisch auf eine allmähliche Reduzierung. Im Jahre 2000 sollte dann dieses gefährliche Treibgas verschwunden sein, aber wir wissen, daß es heute, Jahre später, noch immer verwendet wird. Welch ein Hohn und gleichzeitig welch eine Demonstration von Macht- und Hilflosigkeit der Politiker gegenüber wirtschaftlicher Macht.

Soll das Geschick alles Lebenden auf dieser Erde Menschen überlassen bleiben, die in ihrer seelenlosen Angst vor dem „endgültigen Tode" für sich alles das materiell auszuschöpfen suchen, was angeblich Befriedigung im weitesten Sinne verschafft? Das ist ein verhängnisvoller Trugschluß, dessen Opfer die gesamte Schöpfung sein würde. Ich sage voraus, daß es eine Umwandlung des allgemeinen Wertesystems geben wird, nicht durch Revolutionen, sondern durch Vernunft.

Trotzdem ist das „Ozonloch" ja nur ein Teilaspekt menschlicher Sünden an der Natur und unseren Nachkommen. Durch Chemie, Düngemittel, Abfall und Dreck sind unsere Flüsse und Meere verseucht. Die natürliche Strahlungsintensität hat sich durch die Atomwirtschaft vehement gesteigert. Die Entsorgung des Atommülls, die Beseitigung der durch die Chemie anfallenden Säuren, Basen und Laugen sind ungelöste Probleme. Unsere Lebensmittel sind mit chemischen Substanzen infiltriert. Die Luft ist verpestet, der „saure Regen" tötet unsere Wälder und vieles mehr...

Ist das alles überhaupt noch veränderbar, mögen Sie fragen? Aber sicher, aber es muß damit beginnen, daß wir uns nicht mehr dem „Fortschrittsglauben" derjenigen unterwerfen, die unter „Fortschritt" nichts anderes als persönliche Bereicherung um jeden Preis verstehen. Fortschritt, ohne elementaren Eingriff in die Natur, ist ja möglich. Jeder von uns ist in der Lage, jetzt und ab sofort der natürlichen Ökologie Rechnung zu tragen: Kaufen Sie nichts mehr, was durch chemische Eingriffe verändert worden ist. Lassen Sie alles das stehen oder liegen, was eine geschickte Werbung Ihnen als „Erleichterung", „Verschönerung" oder sogar als Verbesserung Ihrer „Lebensqualität" vorgaukelt. Die meisten Produkte - vor allem im Haushalt und in der Kosmetik - sind völlig entbehrlich, ja überflüssig, wenn nicht gar schädlich. Ich erinnere mich gern an meine Mutter, die uns Kindern einmal gesagt hat: „Wer mit Wasser und Seife, Scheuerlappen und Bürste die Familie und seinen Haushalt nicht sauber halten kann, ist faul und phantasielos obendrein."

Nun können wir auch die Frage, warum frühere Generationen weniger an Haut- oder Haarschäden litten, klar beantworten:

Die Haut als größtes und wichtiges Organ wurde in vergangenen Jahrhunderten durch Umwelteinflüsse äußerlich nicht belastet. Zur Haut- und Haarpflege verwendete man natürliche Stoffe und Substanzen, vor allem Wasser, Seife und natürliche Fette. Folglich konnten sich, wenn nicht krankheits- oder genetisch bedingt, Haut und Haare ganz natürlich regenerieren.

Ebenso klar ist das rapide Ansteigen der Haut- und Haarschäden in neuerer Zeit.

Wir leben heute in einer selbstgeschaffenen, lebensfeindlichen Umwelt, deren äußere Einflüsse Haut und Haare stark belasten. Damit ist ein weiteres Ansteigen vor allem von Hautkrankheiten bis hin zum Hautkrebs zur Zeit unvermeidbar. Die meist kritiklose Verwendung chemisch-pharmazeutischer Haut- und Haarkosmetika bewirkt eher eine Verschlechterung dieser Situation, als daß es sie bessern könnte. Vergessen wir niemals: Gesundes Leben auf dieser Erde ist nur mit reinem Wasser, unverfälschter Nahrung und sauberer Luft möglich. Mögen wir auch noch so viel Geld besitzen - essen können wir es nicht.

WAS HAT ES MIT ERERBTEN HAUTSCHÄDEN AUF SICH?

Wenn ich in diesem Kapitel über den eigentlichen Rahmen dieses Buches hinausgehe, so deswegen, weil alle meine Bücher das „Lebensprinzip" zum Inhalt haben. So gesehen vermittle ich Ihnen nicht nur Wissenswertes über das Leben selbst, sondern auch Bezugsmöglichkeiten auf praktisch alle Themen meiner Bücher. Die Grundzüge des Lebens - und dessen Vererbung - können leider nicht ohne Fachbezeichnungen dargestellt werden. Zum allgemeinen Verständnis werde ich sie jedoch verständlich beschreiben.

Vererbung bedeutet nichts anderes als die Arterhaltung einer Spezies durch Reproduktion seiner Wesen. Voraussetzung hierfür sind beim Menschen die geschlechtliche Fortpflanzung, der eine Befruchtung vorausgeht. Von zwei verschiedenen Individuen verschmelzen zwei Zellen zu einer, mit einem gemeinsamen Zellkern. Daraus ergibt sich eine völlig neue, zufällige Erbanlage des Individuums. Die Evolution hätte ohne dem niemals stattgefunden bzw. wäre der Selektion zum Opfer gefallen.

Gehen wir davon aus. daß das Leben die komplizierteste Bewegungs- und Existenzform der Materie darstellt und in geologischen Zeiträumen Mechanismen zu dessen Arterhaltung entwickelt hat, die wir Vererbung nennen.

Dem Erscheinungsbild eines Menschen liegen drei Faktoren zugrunde: Vererbung, Umwelteinflüsse und Selbst-Erziehung bzw. Selbst-Disziplin. Vererbt werden aber nicht nur physische, sondern auch psychische Eigenschaften. Unter dem Begriff „Konstitution" verstehen wir die Gesamtheit aller physischen Möglichkeiten eines Individuums, während die Charaktereigenschaften der psychischen Entwicklung unterliegen. Beides orientiert sich jedoch an der Umwelt, in Verbindung mit den charakterlichen Merkmalen. Signifikant im physischen Bereich ist eine ererbte Krankheitsbereitschaft (Diathese), die kurzfristig unveränderbar ist - und weitervererbt wird.

In meinem Buch „Wenn Magen und Darm streiken" habe ich die einzelnen Diathesen beschrieben.

Allem, was sich durch Vererbung negativ bemerkbar macht, liegt eine Genschädigung (Mutation) zugrunde. Das heißt, daß Vorfahren bestimmte Lebensfehler begangen haben, die sich langfristig im genetischen Code festgeschrieben haben. Oder anders ausgedrückt: Unter den Fehlern der Vorfahren leiden wir heute noch, wie kommende Generationen unter den Lebensfehlern zu leiden haben werden, die wir heute begehen...

Die Reproduktion des menschlichen Organismus wird durch die „Niederschrift" ihres Bau- und Funktionsplans als Nukleinsäure-Code ermöglicht, der „wortgetreu" vervielfältigt und auf die Nachkommen übertragen wird. Nach diesem von den Eltern vorgegebenen Programm der genetischen Information wird im Verlauf der Ontogenese, der Individualentwicklung, der Tochter-Organismus aufgebaut. Gleichzeitig wird damit zunächst an einer einmal erreichten Entwicklungsstufe festgehalten. Durch Veränderung der Erbinformation, durch Mutation also, entstehen Nachkommen mit neuen erblichen Eigenschaften. Bei weiterer Fortpflanzung kann diese erbliche Variabilität der Nachkommen, durch Kombination mit anderen Erbanlagen, noch erhöht werden. Von der Umwelt werden die neuen, von denen der Eltern abweichenden Eigenschaften, nach dem Selektionsprinzip auf ihre Lebensdienlichkeit und Zweckmäßigkeit hin überprüft. Über viele Generationen hinweg macht die Verkettung geeigneter „Erfindungen" die phylogenetische oder stammesgeschichtliche Entwicklung aus. Das Individuum ist hier nicht mehr als das winzige Glied einer endlosen Kette.

Träger unseres physischen Daseins ist die Körperzelle. Ihr charakteristisches Baumaterial sind Nukleinsäuren, Proteine (Eiweiße), Lipide (Fettstoffe) und Polysaccharide (hochmolekulare Kohlehydrate). Die Nukleinsäuren enthalten aber nicht nur genetische Informationen. Nach einem von ihnen gespeicherten Programm werden u.a. spezifische Enzyme synthetisiert, die als katalytisch wirkende Eiweiße auf chemischem Wege der Struktur- und Funktionsplanung Verwirklichung verleihen. Auf diese Weise werden die angeführten

Baumaterialien - zusammen mit einer Vielzahl weiterer organischer und anorganischer Verbindungen - zu einer strukturellen und funktionellen Einheit, zur Zelle, vereinigt.

Die Dynamik der Zelle zeigt sich im Stoffwechsel. Durch Enzyme werden die dabei ablaufenden chemischen Umsetzungen katalysiert, reguliert und gesteuert. Die Zellsubstanz wird fortwährend auf- und abgebaut und befindet sich in einem ständigen Fließgleichgewicht. Die beim Abbau entstehenden niedermolekularen Spaltprodukte, und weitere organische und anorganische Verbindungen, werden laufend mit dem sie umgebenden Milieu ausgetauscht. In der Regel nimmt die Zelle mehr aus der Umgebung auf als sie abgibt, ein Prozeß, der das Wachstum zur Folge hat. Im allgemeinen ist der Energiegehalt der Stoffe, die von der Zelle ausgeschieden werden, geringer als der der zuvor aufgenommenen Energie. In Form eines Energiewechsels wird die mit der Nahrung aufgenommene Energie zur Synthese zelleigener Stoffe verwendet oder als Wärme - seltener in anderen Energieformen - wieder an die Umgebung abgegeben.

Gegenüber mechanischen, chemischen, elektromagnetischen und anderen Erscheinungen im Umfeld oder im Körperinneren weisen die Zellen organische Reizbarkeit auf. In vielen Fällen lösen Änderungen innerer oder äußerer Reizzustände ganze Reaktionsketten aus, deren Endergebnis durch Rückkopplung von dem reizaufnehmenden System erfaßt wird und so lange eine Beantwortung auslöst, bis im Sinne einer Regulation ein vom Organismus vorgegebener Sollwert „Befriedigung" erreicht wird.

Um das Thema „Vererbung" abzuschließen bedarf es aber noch einer näheren Betrachtung der Nukleinsäuren:

Die Nukleinsäuren sind die genetischen Informationsträger und -übertrager. Sie enthalten als Nukleincode, in molekularer Form verschlüsselt, den Bau- und Funktionsplan des jeweiligen Organismus. Infolge ihrer Fähigkeit zur identischen Replikation oder Selbstverdoppelung können Nukleinsäuren diese Informationen auf Tochterorganismen vererben. Sie übertragen auch die genetische Information zur Bildung spezifischer Proteine an die Synthesebasen im Zytoplasma. Die meisten dieser Proteine lenken als Enzyme, als Biokatalysatoren, die Stoffwechsel- und Differenzierungsprozesse und ermöglichen letztlich die Realisierung der genetischen Information. Veränderungen in der Struktur der Nukleinsäuren haben Änderungen im Informationsgehalt zur Folge. Die dadurch bedingte Bereitstellung neuer vererbbarer Anlagen wird als einer der wichtigsten Faktoren in der phylogenetischen Entwicklung angesehen.

Die Struktur der Nukleinsäuren sind Makromoleküle, die durch lineare Verknüpfung von Mononukleotiden entstehen. Ein solches (Mono-)Nukleotid setzt sich aus drei Komponenten zusammen. Die Anordnung der Nukleotide im Polynukleotidstrang wird als Primärstruktur der Nukleinsäure bezeichnet.

Die Energieträger Zucker und Phosphorsäure wechseln in ihnen in monotoner Reihenfolge, während die Besetzung der vier Basentypen variabel ist und der Verschlüsselung der genetischen Information dient. Die Pentose, ein einfaches Kohlehydrat, liegt entweder als Ribose oder, wenn dieser am zweiten Kohlenstoffatom ein Sauerstoffatom fehlt, als Desoxyribose vor. Nach der Art der Pentose unterteilt man die Nukleinsäuren in Ribonukleinsäuren (RNS) und Desoxyribonukleinsäure (DNS).

Den vier Basen liegen zwei Stickstoffhaltige heterozyklische Verbindungen zugrunde: das Purin und Pyrimidin. Als Derivate kommen in der DNS die Purinbasen Adenin (A), das Guanin (G) und die Pyrimidinbasen Thymin (T) und Zytosin (C) vor. Bei der RNS ist Thymin gegen die Pyrimidinbase Urazil (U) ausgetauscht. Die für die DNS typische Sekundärstruktur kommt dadurch zustande, daß sich jeweils zwei DNS-Moleküle zu einem Doppelmolekül vereinigen. Dieses besteht dann aus zwei parallel zueinander gelagerten Polynukleotidsträngen, die miteinander eine Doppelspirale, die DNS-Doppelhelix, bilden. Die Verbindung der beiden benachbarten Stränge erfolgt zwischen den Basen über Wasserstoffbrücken. Dabei bilden, aus räumlichen und chemischen Gründen, immer nur Adenin und Thymin bzw. Guanin und Zytosin komplementäre Paare. Die RNS hingegen liegt meist als einfacher Polynukleotidstrang vor, der aber ebenfalls spiralig gewunden sein kann.

Der genetische Code der DNS kann folgendermaßen verständlich gemacht werden: Ähnlich der Morseschrift, wo mit Hilfe der beiden Zeichen Punkt und Strich und dem zwischen den Wörtern liegenden Raum das gesamte Wissen der Menschheit niedergeschrieben werden kann, verhält es sich mit dem Code der DNS. Die Verwendung der vier DNS-Basen erlaubt, als molekulare Zeichen, die „Niederschrift" des gesamten Bau- und Funktionsplans eines Organismus. Tatsächlich liegt auch hier der „Informationsschlüssel" allein in der Sequenz, in der Reihenfolge der Basen Adenin, Guanin, Zytosin und Thymin bzw. Urazil.

Die Praxis der Vererbung sieht also, auf einen kurzen Nenner gebracht, so aus: Jeder Tochterdoppelstrang besteht aus einem DNS-Elternmolekül und einem DNS-Tochtermolekül. Wie nach einem Positiv-Negativ-Abdruckverfahren, haben die Elternmoleküle gleichsam als „Matrize" die Synthese von jeweils komplementären Tochtermolekülen bewirkt. Damit hoffe ich, Ihnen eine wissenschaftlich komplizierte Materie in ihren Grundzügen verständlich gemacht zu haben.

Kehren wir nun auf die Frage „was hat es mit ererbten Hautschäden auf sich", zurück.

Ererbte Hautschäden bedingen sich durch sichtbare Hautverbildungen bei der Geburt und lassen sich meist auch bei Blutsverwandten nachweisen. Eine weitere Möglichkeit der Hautverbildung ist die Schädigung während der Schwangerschaft, also im Mutterleib. In solchen Fällen liegt das meist an einer falschen Lebensführung der Schwangeren, z.B. durch Alkohol, Nikotin, Drogen usw.

So entstandene Hautverbildungen können auch Ausdruck latent vorhandener Organschäden sein, sind also nicht genetisch bedingt. Die meisten Hautschäden jedoch unterliegen einer angeborenen Krankheitsbereitschaft (Diathese) und den das Leben begleitenden Umständen - auch Allergien sind da mit eingeschlossen. Wir kommen darauf noch zurück.

WAS HAT ES MIT ERERBTEN HAARSCHÄDEN AUF SICH?

Im wesentlichen haben wir diese Frage bereits im vorigen Kapitel beantwortet, da ja die Haare Anhanggebilde der Haut sind. Trotzdem gibt es da noch Unterschiede und Besonderheiten, die besprochen werden müssen.

Zunächst muß grundsätzlich festgestellt werden, daß genetisch bedingte Haarschäden selbst dann auftreten können, wenn an der Haut (Kopfhaut) objektiv keine Schäden feststellbar sind. Das heißt, daß gewisse Haarschäden meist nicht richtig eingeordnet und somit zwangsläufig falsch therapiert werden. In solchen Fällen ist eine Verschlimmerung des Haarschadens zu erwarten; und das wiederum löst Irritationen im Stoffwechselgeschehen aus. Geht man aber davon aus, daß der als genetisch erkannte Haarschaden seine Ursache nicht in der Haut, sondern in den inneren Organen hat, kommt man zu ganz anderen Schlußfolgerungen bzw. Behandlungstherapien. Das ist ganz wichtig. Genetisch bedingte Haarschäden sind immer Ausdruck auch innerorganischer Unstimmigkeiten - und umgekehrt.

Viel schwieriger ist es jedoch, Haarschäden nach erblich bedingten psychischen Schäden einzuordnen. Erstens deswegen, weil wir Menschen im allgemeinen nicht bereit sind, solche Schäden zu offenbaren und zum anderen der Therapeut solche Zusammenhänge nicht sieht. Allenfalls redet man sich auf Streß, Lebensangst oder ungesunde Lebensweise hinaus. Aber das ist nur ein Teil der Wahrheit und wenig hilfreich. Allerdings muß auch erkannt werden, daß selbst die Beseitigung psychischer Schäden nicht automatisch die Besserung solcher Haarschäden nach sich ziehen würde. Dazu sind die Ursachen zu komplex. Schließlich muß zugegeben werden, daß androgenetisch bedingte Haarschäden irreparabel sind - zumindest nach Auffassung der meisten Wissenschaftler. Wohl kann man sie begrenzen, bessern und erträglich machen und gerade darin liegt der eigentliche Wert natürlicher Heilmethoden. Vieles ist also erreichbar, wenn die Kriterien von Haarerkrankungen grundsätzlich erkannt und frühzeitig bekämpft werden.

Wenn man nun bedenkt, daß nur 20 % aller Haarschäden auf echte Genschädigung zurückgehen, kommt sicher Hoffnung bei den meisten Betroffenen auf. Andererseits geht aber auch daraus hervor, daß die meisten Haarschäden vermeidbar sind. Dieses Buch hilft Ihnen, das zu erkennen und notwendige Konsequenzen daraus zu ziehen.

Ein Aspekt der Haarerkrankung wird meines Erachtens zu wenig berücksichtigt und dementsprechend falsch diagnostiziert: Das sind die Haarschäden, die spontan, meist als Folge von Viruserkrankungen, entstehen. Das reicht von Schuppenbildung, partiellem Haarausfall bis hin zur totalen Glatze. Die Faktoren solcher spontanen Haarerkrankungen, die Männer, Frauen und auch Kinder befallen können, sind in der Regel Hormonstörungen im endokrinen Drüsensystem - eben durch Krankheit hervorgerufen. Man hat dabei beobachtet, daß solcherlei Haarschäden ohne jede Behandlung genauso verschwinden wie sie gekommen sind. In anderen Fällen jedoch sind irreparable Haarschäden zurückgeblieben. Warum? Wahrscheinlich deswegen, weil durch unqualifizierte und überzogene Therapien, vor allem mit chemischen Mitteln, so massiv in den Hormonhaushalt, und damit in den Stoffwechselapparat, eingegriffen wurde, daß sich dieser nicht mehr normalisieren konnte. Selbst organische Dauerschäden sind dann in der Folge nicht auszuschließen.

Sie ersehen daraus, meine verehrten Leser, daß es nicht einfach ist, Haarschäden richtig zu diagnostizieren, geschweige denn zu therapieren. Es ist daher nicht verwunderlich, wenn ein hoher Anteil der Haarschäden - weil im Grunde Ratlosigkeit herrscht - einer geschädigten Erbmasse zugeschrieben wird, ohne es in Wirklichkeit zu sein. Das aber hat zur Folge, daß einerseits reparable Haarschäden falsch therapiert werden und so zu verstärkten Dauerschäden führen. Andererseits werden die scheinbar wirklich genetisch bedingten Haarschäden als „unabänderlich" apostrophiert, was keinesfalls zutrifft. Ein relativ sicherer Beweis, ob Haarschäden genetisch bedingt sind, ist die eigene Familie. Dort setzen sich meist individuell typische Erscheinungsformen von Haarschäden durch mehrere Generationen fort.

Besteht denn überhaupt eine Chance, genetisch bedingte Haarschäden zu bessern oder gar zu heilen, selbst wenn alles dagegen spricht? In gewisser Weise ja. Das heißt, die genetischen Gegebenheiten sind zwar, wie bereits betont, nicht veränderbar - zumindest nicht in einem Menschenleben. Jedoch ist es durchaus möglich, mit den der Natur adäquaten Heilmitteln korrigierend einzuwirken. Und das bedeutet in jedem Falle eine positive Veränderung der Haarstruktur, was ungeahnte Erfolge nach sich ziehen kann. Wir werden darüber noch zu reden haben.

ÜBER HAUT-ALLERGIEN

Nicht alles, was als Hautallergie diagnostiziert wird, ist eine solche im Sinne medizinisch-physiologischer Gesetzmäßigkeit. Warum das so ist, liegt auf der Hand: Niemand weiß bis heute, welche Wirkungen und Auswirkungen unsere verseuchte Umwelt, und die mit chemischen Substanzen durchsetzte Nahrung - vom Wasser über das Getreide bis hin zum Fleisch - jetzt und in Zukunft auf die Gesundheit der Menschen, der Tiere und Pflanzen hat und haben wird. In Ermangelung solcher Kenntnisse wird daher alles, was irgendwie den Charakteristiken einer Allergie entspricht, als solche diagnostiziert und dementsprechend therapiert. Besser gesagt: Dann beginnen die Experimente mit den Patienten.

Diese Feststellungen mußten zuvor getroffen werden, soll dieses Kapitel objektiv abgehandelt werden. Fest steht nämlich, daß praktisch von Tag zu Tag die Zahl der Allergiker wächst. Neben den damit verbundenen persönlichen leidvollen Erfahrungen kommt damit ein finanzielles Chaos auf alle modernen Volkswirtschaften zu. Die Behandlungskosten, prophylaktisch und therapeutisch, sind nicht mehr finanzierbar. Die einzig richtige Konsequenz daraus muß sein, die Grundlagenforschung für natürliche Heilmittel und Methoden, die relativ billig sind, drastisch zu betreiben und zu fördern. Gleichzeitig müssen die Mittel für chemisch-pharmazeutische Experimentalforschungen - Tierexperimente eingeschlossen - drastisch beschränkt werden. Wenn das nicht geschieht, wird neben dem Leid der Menschen die Angst um die wirtschaftliche Existenz hinzukommen.

Was aber sind Allergien? Was sind allergische Reaktionen des Körpers auf bestimmte Stoffe, Elemente und Substanzen? Worin liegt der Unterschied zwischen einer „echten" Allergie und allergischen Erscheinungen? Und schließlich: Sind Allergien heilbar? Diesen Fragen wollen wir uns stellen und sie zu beantworten suchen, soweit sachliche, fachliche wie auch logische Argumente verständlich gemacht werden können.

Fast alle Allergiker, ca. 25 % der Menschen, haben eines gemeinsam: Eine angeborene Krankheitsbereitschaft (Diathese) für dieses Leiden. Es handelt sich hier um die sogenannte exsudative Diathese. Das sind Menschen, bei denen die Haut, die Schleimhäute und das Bindegewebe für bestimmte Krankheiten, und dazu zählt die Allergie, prädestiniert sind. Warum fast ausschließlich nur Menschen mit dieser angeborenen Krankheitsbereitschaft Allergiker werden, ist bisher nicht ganz geklärt. Sicher jedoch ist, daß das Immunsystem bei solchen Menschen zu Überreaktionen neigt. Das heißt, daß die Antikörper des körpereigenen Immunsystems bei der Prüfung und Feststellung körperfremder Stoffe (Antigene) sofort massiv dagegen einschreitet. Dabei kann es sein, daß der körpereigene Abwehrmechanismus die Gefahr durch die Antigene überschätzt und mehr zur Abwehr tut als eigentlich notwendig wäre. Damit ist praktisch der Tatbestand einer „echten" Allergie gegeben: Der Körper selbst wird mit dem „Überhang" seiner eigenen Antikörper nicht mehr fertig und reagiert sich meist über die Haut, die Schleimhäute und das Bindegewebe ab, und so wird ein Allergieschaden sichtbar. Die Begleiterscheinungen eines solchen Vorgangs sind sehr gefährlich: In den Körperzellen werden nämlich Gewebshormone freigesetzt (Histamine), die zur „Selbstzerstörung" des Körpers führen können.

Diese Antigen-Antikörper-Reaktion ist ein rein chemischer Vorgang, an dem die Milz, das Knochenmark sowie die weißen Blutkörperchen (Leukozyten) und die Lymphknoten beteiligt sind. Diese bilden insgesamt das lebensnotwendige Immunsystem, lösen also auch eine Allergie (im Sinne von Überempfindlichkeit) aus. Bei Prädestination (Vorbelastung) einer exsudativen Diathese genügen bereits kleine Mengen körperfremder Substanzen, lebensbedrohende Zustände - z.B. einen Allergieschock - auszulösen. Winzige Tierhaare in der Lunge (oft durch Katzen), chemische Substanzen im Darm (z.B. in Lebensmitteln), Medikamente im Blutkreislauf, Kosmetikrückstände oder Farben auf der Haut und vieles mehr können Auslöser solcher Zustände sein.

Einer ausgeprägten Allergie gehen immer allergische Reaktionen des Körpers auf körperfremde Stoffe voraus. Das heißt, eine chronische Allergie entsteht nicht von heute auf morgen, sondern durch das Versäumnis unbehandelter - oder nicht erkannter - allergischer Reaktionen in irgendeinem Organ oder Körperbereich. Das wiederum bedeutet, daß ein Großteil späterer chronisch gewordener Allergien bei rechtzeitigem Erkennen und Behandeln vermeidbar gewesen wären. In der Tat ist es auch für den Spezialisten schwer, allergische Reaktionen des Körpers einwandfrei zu diagnostizieren. Es ist auch durchaus möglich, daß erst durch das Zusammenspiel mehrerer körperfremder Substanzen eine allergische Reaktion ausgelöst wird. Aber welche? Hier ist es besonders schwierig, Ursachenforschung zu betreiben. Es ist eine wahre Sisyphusarbeit, solchen Problemen auf die Spur zu kommen. Erschwert wird das alles noch durch die sich ständig wandelnde Umwelt und die sich ebenso ständig wandelnden Lebensgewohnheiten der Menschen. Fast täglich werden wir mit neuen chemischen Substanzen konfrontiert, die die Erkenntnisse von gestern Makulatur werden lassen und völlig neue Probleme schaffen.

Wenn Sie das Kapitel „Die Haut als Organ" aufmerksam gelesen haben, werden Sie erkennen, daß allein der sich ständig regenerierende Fettsäuremantel der Haut in der Lage ist, von außen auftretende allergische Reaktionen zu eliminieren. Voraussetzung ist allerdings das Erkennen und Weglassen körperfremder Substanzen. Inwieweit oral eingenommene Substanzen (z.B. durch Nahrung, Getränke, Medikamente) auf Hautallergien durchschlagen, muß systematisch beobachtet werden.

Also ist es trotz allem durchaus möglich, Hautallergien erst gar nicht aufkommen zu lassen und vorhandene wirkungsvoll zu bekämpfen. Mitunter stellt sich dann heraus, daß es ganz simple Gründe waren, welche die Hautallergie - vor allem das Ekzem - hervorgerufen haben. Einige Hinweise darauf möchte ich Ihnen nachfolgend geben.

Für die Kopf- und Halsregion der Gebrauch von:

Haarwasser, Haarfarben, Dauerwellenpräparate, Sprays, Shampoos, Cremes, Lotionen, Make-up, Lippenstift, Augentropfen, Kaugummi, Zahnprothesen, Brillengestelle, Metallschmuck, Hörapparate, Waschmittel.

Für die Körper-Region:

Kunstfasern, Pelze, Deodorants, Sonnenschutzmittel, Intimpflegemittel, Badeshampoos, Medikamente, Körperöle, Duftstoffe, Metallreißverschlüsse, Kunststoffe, Textilwaschmittel, Gummiartikel.

Für Arme, Hände, Beine und Füße:

Armbanduhren, Ringe, Schmuck (auch Edelmetalle), Handschuhe (aus Kunststoff, Gummi, Leder). Arbeiten mit Farben, Mehl, Zement, Kunstdünger, Terpentin, Lösungsmittel, das Tragen von Kunstfaserstrümpfen, Plastikschuhen, die Verwendung von Fußschweiß-Mitteln und sogenannten „Geruchs-Vertilgern".

Für den ganzen Körper allgemein:

Blütenpollen, Insekten, Parasiten (von Tieren), Abfälle, Nahrungsmittel (z.B. Fisch, Fleisch, Hülsenfrüchte), Obst (vor allem Beerenfrüchte), Getränke (Brausen, Limonaden, Coca-Cola, Liköre), Genußgifte, Drogen, Medikamente, Viren, Bakterien.

Das sind längst nicht alle Faktoren, die eine Hautallergie auslösen können. Jedoch wissen Sie nun, was gemeint ist. Und Sie wissen auch, wie schwer es ist, einer Hautallergie auf die Spur zu kommen. So verwirrend das alles ist, braucht niemand zu verzweifeln. Überprüfen Sie zunächst selbst, ob Ihre Lebensumstände Anlaß zur Identifikation nach den aufgeführten Kriterien geben. Damit haben Sie ein brauchbares Werkzeug in der Hand, Selbsthilfe zu betreiben. Mit den noch folgenden Natur-Rezepturen und Selbsthilfe-Programmen besitzen Sie die nötigen Kenntnisse und Informationen, Ihre Hautprobleme wirksam zu bekämpfen, ja zu lösen. Besonderen Wert lege ich auf die Beseitigung Ihrer seelisch-geistigen Probleme, die auch für sich allein Ursache Ihrer Hautprobleme sein können. Eine Ausgeglichenheit in diesem Bereich wirkt oft Wunder. Befindet sich das Körper-Seele-Geist-Prinzip mit der Natur im Einklang, kann es keine Krankheiten geben.

ÜBER HAAR-AUSFALL

Nachdem wir die genetischen, psychischen wie auch äußeren Einflüsse auf das Haarkleid der Menschen besprochen haben, wenden wir uns nun den verschiedenen Arten des Haarausfalls zu. Daß das hauptsächlich die Männer betrifft, muß nicht besonders betont werden. Aber es mehren sich auch diffuse (allgemeine) Haarausfälle bei Frauen und Kindern. Die Gründe hierfür liegen wohl in der Verwendung moderner und überflüssiger Haarpräparate einerseits und einer vitaminarmen Lebensmittelversorgung andererseits. Natürlich spielt auch die allgemeine Hektik eine gewisse Rolle: Bei den Kindern der Schulstreß, weil durch die Erwartungshaltung der Eltern dem Kind Leistungen abverlangt werden, die es nicht erbringen kann („...dem Kind soll es einmal besser gehen als uns..."). Und bei Frauen ist es häufig die Doppelbelastung durch Beruf und Familie. Es scheint so zu sein als sei die Gesundheit weniger wichtig als der Erwerb von Hab und Gut, allerdings eben nur so lange, wie man glaubt, die Gesundheit „gepachtet" zu haben. Sei es, wie es sei. Jedenfalls sind dies objektive Tatbestände, welche die vermehrten Haarausfälle bei Frauen und Kindern logisch erklären.

An erster Stelle des Haarausfalls steht die androgenetische, männliche Glatze. Ihr liegt eine ererbte Hormonstörung zugrunde, die dazu führt, daß die Haarzwiebel langsam aber stetig verkümmert und schließlich kein Haar mehr produzieren kann. Der Haarausfall beginnt meist an der Stirn (Stirnglatze) und setzt sich über dem Hinterkopf fort, bis das Haupthaar gänzlich verschwunden ist. Dies geschieht unabhängig eventuell vorhandener Organ- oder Hautschäden. Die Androgenhormone, für den Haarausfall allein verantwortlich, werden im männlichen Körper von Hoden und Nebennieren gebildet (übrigens sind auch im weiblichen Körper spurenweise Androgene vorhanden). Kommt es beispielsweise durch irgendeinen Umstand zur Amputation der Hoden (bei den Eunuchen obligatorisch, sie haben immer volles Haar), wird derjenige niemals seine Haare verlieren können - wie Frauen eine androgenetische Glatze bekommen können, wenn z.B. in den Wechseljahren die weiblichen

Östrogene schwinden und sich die Androgene stark vermehren. Allerdings ist dem durch Verabreichung zusätzlicher Östrogene abzuhelfen, was beim männlichen Körper nicht möglich ist.

Nun kommt eine Sie sicher überraschende Feststellung, die ich unter Beweis stellen werde: So problematisch wie meist dargestellt, ist die Glatzenbildung und damit einhergehende Haarschäden gar nicht. Nur etwa 20 % aller Glatzen sind echt androgenetisch bedingt und selbst bei denen sind probate Möglichkeiten zur längeren Erhaltung des Haarwuchses gegeben: Es kommt auf die Früherkennung und eine damit verbundenen prophylaktischen Behandlungsmethodik an.

In allen anderen Fällen ist Glatzenbildung vermeidbar, sofern keine chronischen Organ- oder Hautschäden indiziert sind. Daraus geht hervor, daß Glatzenbildung kein unabänderliches Schicksal sein muß.

Viele Faktoren der Glatzenbildung werden entweder falsch eingeschätzt und dementsprechend falsch therapiert oder aber als „Naturgegeben" hingenommen und überhaupt nicht behandelt. Diese Erkenntnisse, verehrte Leser, waren Maßstab meiner jahrelangen Haarforschungen. Wenn Sie meine noch folgenden Haar-Rezepturen und Therapien konsequent anwenden, werden Sie vom Erfolg positiv überrascht sein.

Andere Haarschäden, die ich aber als regenerationsfähig bezeichnen möchte, sind:

Der Haarausfall als Folgeerscheinung von Infektionskrankheiten, Medikamenteneinnahme, vegetativen Störungen, Vergiftungen oder falscher Ernährung und Drogen jedweder Art.

Der narbige Haarausfall: Wenn das Gewebe der Kopfhaut, aus welchen Gründen auch immer, zerstört ist, kann kein Haar mehr wachsen.

Der kontinuierliche Haarausfall, bedingt durch: Kopfbedeckungen, Strahlungen, Chemikalien, Bleichmittel, Haarpflegemittel, Salben und Tinkturen.

Die aufgeführten Indikatoren sind natürlich nur richtungsweisend. Aber wie gesagt, solche Haarschäden sind, bis auf wenige Ausnahmen, reparabel. Es ist völlig normal, wenn täglich 30 bis 80 Haare ausfallen bzw. ausgerissen werden: Das Haar-Follikel produziert nach kurzer Zeit ein neues Haar. Erst wenn täglich mehr als 100 Haare ausfallen, ist mit Sicherheit auf einen wirklichen Haarschaden zu schließen.

Gestatten Sie mir aber noch eine Bemerkung: Aus eigener Erfahrung weiß ich, daß mindestens 50% aller Haarprobleme selbstverschuldet sind. Die Trägheit der Menschen, eine denaturierte Lebensweise und nicht zuletzt eine zeittypische Art von Fatalismus lassen die Menschen lethargisch gegen sich selbst werden - und das nicht nur bei Haarproblemen. Alle Lebensbereiche sind davon tangiert und zeigen insgesamt das Bild einer modernen Lebensphilosophie, die vielleicht gar keine ist, sondern nur der Ausdruck absoluter Ratlosigkeit. Meine Hilfen beziehen sich auch auf diesen allzumenschlichen Bereich.

WAS BEWIRKT MODERNE KOSMETIK?

Mit dieser Fragestellung möchte ich die Möglichkeiten und Erfolgsaussichten beschreiben, die durch Anwendung jedweder Kosmetika, äußerlich wie innerlich, erwartet werden können bzw. möglich sind. Hierbei ist eine Trennung von Kosmetika mit natürlichen Ingredienzien von solchen mit chemischen zwingend notwendig. Ob Kosmetika überhaupt - neben dem Kommerz - einen hilfreichen und die Menschen verschönernden Sinn haben, mag dahingestellt sein, vor allem die sogenannte „dekorative Kosmetik". Notwendig ist sie nicht! Hauterkrankungen werden sowieso nach anderen Kriterien, wie bereits angesprochen, diagnostiziert und therapiert. Somit bedarf die an sich gesunde Haut keinerlei Manipulation. Das heißt aber nicht, daß Haut und Haare keinerlei Pflege bedürften. Jedoch kann eine solche Pflege nur im Rahmen zellplasmatischer Voraussetzungen geschehen. Das heißt, dem chemischen Aufbau einer Zelle entsprechend. Alles andere ist Täuschung bzw. Selbst- oder Vortäuschung. Und das hat seinen Preis. Zu den Täuschungen zählen in besonderer Weise auch alle „Schönheitsoperationen".

Erinnern wir uns: Nichts und niemand ist in der Lage oder dazu fähig, das genetisch bedingte, äußere Erscheinungsbild auch nur eines einzigen Menschen zu verändern, es sei denn durch widernatürliche Manipulation - also mit Gewalt im weitesten Sinne. Demzufolge besitzt auch niemand die Fähigkeit, aus einem „Aschenputtel" eine „Göttin der Schönheit" zu machen. Oder anders ausgedrückt: Wen die Natur mit wenig „Schönheit" bedacht hat, wobei „Schönheit" der relativste aller ästhetischen Begriffe ist, muß damit leben. Viel wichtiger ist die „Schönheit der Seele". Und diese strahlt aus den Augen. Solche Menschen besitzen mehr Menschlichkeit, Würde und Harmonie als so mancher „Schönling", der in sich selbst verliebt ist.

Warum schämt man sich eigentlich seines Aussehens, wenn das Äußere nicht den allgemeinen Vorstellungen von „Schönheit" entspricht? Nun, die Gesellschaft, vorneweg die daran partizipierende Kosmetik-Industrie, hat Normen für das Äußere der Menschen gesetzt, denen sich praktisch niemand wirklich entziehen kann, am allerwenigsten in einer Massengesellschaft. Dabei verändern sich auch diese Normen durch den gewollten Trend der jeweiligen Zeit. Im Grunde sind es die Kosmetik- und Modemacher, die die Menschen zum willfährigen Werkzeug ihrer eigenen Interessen degradieren - und die Menschen machen mit. Nicht die Notwendigkeit bestimmt den jeweiligen Trend, sondern das Diktat eben dieser „Macher". Sie scheuen auch nicht davor zurück, die Menschen in ihrem Habitus der Lächerlichkeit preiszugeben. Die Kasse interessiert solche „Macher", nicht die Klasse! Der Versuch dieser „Künstler", ihre „Werke" mit wirren, unsinnigen Redensarten zu rechtfertigen, ist dümmlich verlogen. Trotzdem finden sie „offene Augen und Ohren". Also zeigt man nicht mehr sein „wahres Gesicht". Man täuscht und wird getäuscht. Ist denn das Gesicht als „Seelenspiegel" des inneren Menschen so schlecht, daß man es kaschieren muß?

Ein Blick zurück in die Vergangenheit lehrt uns, daß die Haut der Menschen, vor allem der Frauen, nicht nur wesentlich besser und gesünder war als heute, sondern auch weniger anfällig für vorzeitiges Altern. Haut- und Haarpflege freilich hat es zu allen Zeiten gegeben. Da es aber keine Chemie im heutigen Sinne gab, beschränkte sich Haut- und Haarpflege automatisch auf die Verwendung von Natursubstanzen. Zugegebenermaßen können auch Natursubstanzen, wenn die Kenntnisse und Zubereitungsformen fehlen, Schaden anrichten. Aber das ist selten beobachtet worden und meist reparabel. Die überlieferte Erfahrung bot einen gewissen Schutz wie auch heute noch.

Nein, erst mit dem Zwang der chemischen Industrie, aus Konkurrenzgründen immer neue chemische Verbindungen für den Kosmetikbereich zu „erfinden", begann die moderne Täuschungs-Industrie. Eine rigorose Werbestrategie übernahm dabei die Aufgabe, mit unlauteren, ja wahrheitswidrigen Argumenten Käuferschichten zu erschließen, was ja bestens gelungen ist. Einige von ihnen versprechen sogar „Schönheit von Innen". Daß das barer Unsinn ist, leuchtet wohl jedem ein. Die kosmetische Täuschungs-Industrie kann nicht von der Wirksamkeit ihrer Produkte ausgehen, sondern einzig und allein von der Höhe des Werbeetats für ein Produkt, und der Fähigkeit der Werbefirma, dieses Produkt erfolgreich zu vermarkten. Eine vorgegebene Wirksamkeit chemischer Kosmetika wird übrigens vom Gesetzgeber nicht verlangt, lediglich die Unschädlichkeit der verwendeten Rohstoffe am Menschen muß – aber auch nicht immer - nachgewiesen werden.

Daraus ergibt sich, daß nicht der Hersteller des besseren Produktes „Marktführer" wird, sondern derjenige, der mehr Geld und die besseren Werbestrategen hat. Wir kommen darauf noch zurück.

Betrachtet man die Unzahl der auf dem Markt vorhandenen Kosmetika, so gibt es niemanden, der auch nur annähernd in der Lage wäre, diesen Wust an Produkten zu beschreiben, geschweige denn deren Wirksamkeit zu erklären. Dasselbe gilt für die horrenden Preisunterschiede bei gleichen oder ähnlichen Produkten. Die einzigen Möglichkeiten der Konsumenten, ein Produkt zu beurteilen, sind die Angaben über die Inhaltsstoffe: Sind natürliche oder naturidentische Wirkstoffe angegeben, kann man das Produkt eher kaufen als wenn chemische Formulierungen aufgeführt sind.

Die Wirkungsweise moderner Kosmetika begrenzt sich von ganz allein auf übertünchende, täuschende Effekte. Eine grundsätzliche Haut-Verbesserung ist deswegen nicht möglich, weil die Hautstruktur innerhalb ihres Zellgewebes nicht verändert werden kann. Sie kann jedoch durch willkürliche Manipulation zerstört werden. Das bedeutet, daß weder das natürliche Altern der Haut verhindert werden kann, noch die künstliche Erneuerung des Unterhautzellgewebes möglich ist! Beides resultiert aus der Individualität eines Menschen. Wie, ist hier zu fragen, sollte wohl ein kosmetisches Massenprodukt in der Lage sein, die Hautprobleme von Millionen Individuen zu lösen? Damit führt sich jede Werbeaussage der Kosmetik-Industrie von selbst „ad absurdum"! Was übrig bleibt ist die echte Täuschung. Würde man sich in der Werbung darauf beschränken, den Aspekt der reinen Hautpflege als Schutzpflege, ohne utopische Versprechungen zu betonen, wäre der Sache eher gedient. Allerdings würden dann die Umsätze so in den Keller gehen, daß sich der ganze Aufwand nicht mehr lohnen würde, ein Markt bräche zusammen!

Wenn wir also als Ziel moderner Kosmetika die reine Hautschutzpflege unterstellen, käme allgemein Nützliches dabei heraus: Ein Schutz vor äußeren Einflüssen (z.B. UV-Strahlung, Salzen, Staub, Schmutz, Bakterien). Zur Erhaltung und Unterstützung des Fettsäuremantels. Ein Regulativ für den Feuchtigkeitsgehalt der Haut. Ein Aktivator zellularer Vorgänge in der äußeren Hautschicht. Das alles vermag moderne Kosmetika trotz großer Bedenken gegen die verwendeten Ingredienzien. Nur sind solche Wirkungsweisen der Kosmetik-Industrie nicht spektakulär genug, ergo muß die Werbung etwas „erfinden" und damit wird sie unglaubwürdig.

Die getrennte Betrachtungsweise von chemischer- und Naturkosmetik ist deswegen geboten, weil jede chemische Substanz von Menschen, selbst wenn sie sie von der Natur „abgeschrieben" haben, „erfunden" worden ist, wohingegen der Naturkosmetik natürliche Stoffe zugrunde liegen, die dem natürlichen Aufbau des Menschen entsprechen und damit vom Körper durch chemische Umsetzung verwertbar gemacht werden. Allerdings muß auch hier gesagt werden, daß mit dem Begriff „Naturkosmetik" äußerst fahrlässig, wenn nicht gar irreführend, umgegangen wird: Ein Naturprodukt mit chemischen Zusatzstoffen (z.B. als Emulgator oder Konservierungsmittel) ist eben kein „Naturprodukt" mehr, mag man sich winden wie man will. Inwieweit in solchen Fällen Wirkungsverluste eintreten, kann nur durch Prüfung am Objekt festgestellt werden.

Sofern Naturkosmetika die richtige Zusammensetzung für den speziellen Zweck aufweisen, können deren Inhaltsstoffe über die Haut zu körpergerechtem Zellmaterial „umfunktioniert" werden. Damit besteht die Möglichkeit, der Einzelzelle bei Mängelzuständen zusätzliche Nahrung zu verschaffen. Die Folge davon ist die Möglichkeit, den Alterungsprozeß bzw. das Verkümmern der Hautzellen auf natürliche Weise zu verzögern und äußerlich bedingte Hautschäden zu vermeiden.

Daß Trinkkuren mit entsprechend aufbereiteten Natursubstanzen das Haut- und Haarbild wesentlich verbessern können, steht außer Frage. So gesehen ist eine positive Stimulans „von innen heraus" durchaus zu empfehlen. Das Wirkungsspektrum körperbezogener Natursubstanzen geht aber darüber hinaus: Der ganze Körper profitiert davon. Das ist ein hoher therapeutischer Wert, der über die kosmetische Wirkung weit hinausreicht. Entsprechende Trinkkuren finden Sie in diesem Buch.

Das also sind, unverbrämt, die realistischen Möglichkeiten moderner Kosmetika jedweder Art. Als Fazit daraus muß festgestellt werden, daß Hautprobleme heutzutage mehr provokativ als unvermeidbar sind. Aus diesem Grunde mußte eindeutig Stellung bezogen werden. Daß das nicht allen paßt, leuchtet mir ein. Aber wenn „Selbsthilfe durch Lebenshilfe" ernst gemeint sein soll, muß die unvoreingenommene sachliche Information im Vordergrund stehen. Kritiklosigkeit gegenüber der allmächtigen Industrie ist da nicht am Platze, am allerwenigsten der Kosmetik-Industrie gegenüber!

KRANKHEITEN DURCH KOSMETIK?

Eigentlich dürfte dies nach dem derzeitigen Kenntnisstand der Wissenschaft und den diesbezüglich scharf formulierten Gesetzen und Kosmetik-Verordnungen in allen Industrie-Staaten kein Thema sein! Leider ist das ein Irrglaube. Allzu oft werden diese Gesetze und Verordnungen von der Kosmetik-Industrie unterlaufen, indem zum Beispiel gefährliche Kontaktgifte (Dioxin, Dioxan, Formaldehyd) als sogenannte „Hilfsstoffe" in winzigen Mengen deklariert werden. Menge hin, Menge her, es sind hochbrisante Gifte, die menschliches Leben zerstören.

Die Skala der durch Verwendung chemischer Kosmetika möglichen Gesundheitsschäden reicht vom einfachen Pilzbefall der Haut über Haut-Allergien bis hin zu erhöhtem Krebsrisiko. Spätfolgen, selbst Gen-Manipulationen, kann bisher niemand einschätzen, sind aber eher zu erwarten als auszuschließen. Sollen auch hier unsere Kinder und Enkel die Zeche bezahlen? Das ist der Preis, von dem ich bereits sprach.

Sicher, Gesundheitsbehörden, Wissenschaftler und Chemiker sind bemüht, das Gesundheitsrisiko in der Kosmetik so gering wie möglich zu halten. Deswegen werden ja auch - wie man vorgibt - Tierversuche gemacht. Ein Restrisiko, behaftet mit vielen Imponderabilien (Unwägbarkeiten), wird jedoch niemals beseitigt werden können. Nur fragt sich, ob wir nicht schon längst am Ende der Fahnenstange angelangt sind, ohne es zu bemerken. Das hieße ja, einen unumkehrbaren Zustand geschaffen zu haben, der letztlich nicht mehr zu kontrollieren wäre. Nimmt man hinzu, daß die Chemie ja ständig neue Grundstoffe für die Kosmetik entwickelt, scheint sich der Teufelskreis zu schließen! Eine einzige Chance verbleibt uns noch: die Natur. Kehren wir zu ihr zurück - sofort und ausschließlich!

Naturwissenschaftlich gesehen haben fast alle chemischen Substanzen in kosmetischen Präparaten ein Manko, das nicht geändert werden kann. Ihre Molekularstruktur ist viel zu grob, als daß sie durch die Hornzellen der Haut in das innere Gewebe eindringen könnten - lediglich bei Hormonen wäre das möglich, jedoch zum Schaden des Zellstoffwechsels. Das heißt, die chemischen Substanzen verbleiben vorwiegend an der Hautoberfläche und sind damit völlig wirkungslos. Aber sie können die Poren verkleben oder verstopfen und damit die Kommunikation der Haut zwischen Innen und Außen unterbinden. Dadurch tritt eine Sensibilisierung der Haut ein, und das wiederum fördert die Bereitschaft zu Haut-Allergien oder Schlimmerem. So unglaublich das auch klingen mag, es gibt heute noch Körperpflegemittel (z.B. Bade- oder Haarshampoos), in denen die krebserregenden Gifte Dioxan und Formaldehyd enthalten sind, ganz gleich in welchen Konzentrationen. Und es sind namhafte Firmen, die das tun. Eine ganz große Gefahr wird aber übersehen: Oft bilden sich Giftstoffe erst dann, wenn adäquate Stoffe aufeinander treffen. Damit werden Hauterkrankungen durch Verwendung chemischer Kosmetika zum unkalkulierbaren Risiko!

Die möglichen Erkrankungen durch Verwendung von Kosmetika müssen auch unter dem Blickwinkel der allgemeinen Gefährdung gesehen werden: Nahrung, Genußmittel, Bekleidungsgewohnheiten, Arbeit und Beruf können die schädliche Wirkung von Kosmetika leicht potenzieren. Es ist durchaus möglich, daß erst durch das Zusammenwirken von verschiedenen Gefährdungen irreparable Haut- oder Haarschäden entstehen oder eine Übersensibilisierung der Haut eintritt.

Eine weitere negative Komponente der Hautkosmetika liegt in der übermäßigen Verwendung von Alkohol. Zwar wird damit ein kühlender, antiseptischer Effekt erzielt, jedoch sollte man die keimtötende Wirkung des Alkohols nicht überschätzen. Der Nachteil ist nämlich, daß der Haut Fett und Wasser entzogen werden: Die Haut trocknet aus und der Reizeffekt durch äußere Einwirkung, verstärkt sich wesentlich. Bei empfindlicher Haut können sich Schäden erst nach Jahren bemerkbar machen.

Ein besonderes Problem stellen die Sonnenschutzmittel dar. Ihr Zweck besteht darin, die Haut vor der verbrennenden Wirkung der UVA- und UVB-Strahlung der Sonne abzuschirmen. Das sind länger- und kürzerwellige Strahlen bzw. Strahlungen, gegen die der

Körper von sich aus Abwehrmechanismen entwickelt hat. Die alles Leben zerstörende, kurzwellige UVC-Strahlung wird von der in der Atmosphäre vorhandenen Ozonschicht fast völlig absorbiert. Aber hier beginnt das Problem: Wir wissen ja, daß der schützende Ozonmantel so stark geschädigt ist, daß immer mehr UVC-Strahlung auf die Erde und damit auf alles Lebende fällt. Das bedeutet für uns Menschen zwangsläufig ein permanentes Ansteigen von Hautkrebs. Alle angepriesenen UV-Filter in Sonnenschutzmitteln müssen da versagen. Das Fatale aber ist, daß sich der Konsument auf die Wirksamkeit der UV-Filter verläßt und sich wohlig in der Sonne räkelt. Niemand klärt ihn darüber auf, daß alles Einschmieren mit Sonnenschutzmitteln kaum noch einen Sinn hat. Ich empfehle allen „Sonnenhungrigen" dringend, sich niemals länger als 5 Minuten der direkten Sonnenstrahlung auszusetzen. Allenfalls kann die Dauer durch langsame Gewöhnung bis zu 15 Minuten ausgedehnt werden - niemals länger! Und dann können Sie vielleicht zur eigenen Beruhigung auch ein gutes Sonnenschutzmittel verwenden.

Diese grundsätzlichen Hinweise sollten genügen, Ihnen die Bedenklichkeit moderner Kosmetika hinsichtlich gesundheitsschädigender Folgen vor Augen zu führen. Das soll freilich kein totaler Verzicht darauf bedeuten, nur treffen Sie Ihre Wahl nach den geschilderten Kriterien. Am besten wäre, Sie würden Ihren kosmetischen Bedarf erstens einschränken und zweitens darauf achten, daß Sie, wo immer möglich, Naturprodukte kaufen. Oder noch besser: Machen Sie sie selbst. Sie wissen dann, was „drin" ist - und es macht großen Spaß! Alle in diesem Buch beschriebenen Rezepturen sind leicht nachvollziehbar. Die Rohstoffe sind in Apotheken und Kräuterläden auch in kleinen Mengen zu kaufen.

DIE MACHT DER KOSMETIK-INDUSTRIE

Der Titel dieses Kapitels gibt mir Veranlassung, den Begriff „Macht" in einem kleinen Exkurs darzustellen: Immer wenn von „Macht" die Rede ist, überkommt mich ein Gefühl des Schreckens. Zu allen Zeiten hat es „Macht" und „Mächtige" gegeben, in der Politik, der Wirtschaft oder in den Religionen. Die gesellschaftspolitische Entwicklung der Menschheit hat das mit sich gebracht. Aber von Beginn an haben „Macht" und „Mächtige", angeblich zum „Wohle" der Menschen, Verbrechen an der Menschheit begangen. Oft war es reine Perversion, die sich durch Todesqualen von Menschen Befriedigung im weitesten Sinne verschaffte. In wessen Namen auch immer machtabhängige Greuel begangen wurden, eines hatten sie gemeinsam: Die Verachtung des Individuums einerseits und eine übersteigerte Eigenüberhöhung andererseits. Die Christenverfolgungen vor fast 2000 Jahren, die Kreuzzüge des Mittelalters, die Inquisition, die beiden Weltkriege, die heutigen Verhältnisse in Politik, Wirtschaft und Religion: Alles dies basiert auf ein und demselben Prinzip, nämlich auf Macht, Machterhaltung und Machtvollkommenheit. Ich möchte zunächst den Begriff „Macht" definieren, der nahezu alle Lebensbereiche berührt.

Grundsätzlich ist „Macht" nur möglich, wenn ein Einzelner dazu fähig oder in der Lage ist, Abhängigkeiten gegenüber Anderen herzustellen. Diese Abhängigkeiten können im geistigen, seelischen, körperlichen oder rein materiellen Bereich vollzogen werden. Abhängigkeiten schafft man durch kompromißloses Ausnutzen sozialer, geistiger oder rassischer Unterlegenheit. Es muß immer eine Bezugsperson, eine Gruppe, später eine Institution, vorhanden sein. Das Ziel aber bleibt immer das gleiche, nämlich die Durchsetzung meist personenbezogener rationaler oder irrationaler Vorstellungen, die durch Ausnutzung geschaffener Abhängigkeiten eine Masse Mensch dem jeweiligen Zweck unterwerfen will.

Damit ist jedoch längst keine Machterhaltung gewährleistet. Um das zu erreichen, müssen Teile der Macht delegiert werden. Das heißt, es werden - den Kriterien des jeweiligen Machtzwecks entsprechend - Menschen mit Aufgaben betraut, welche einzig und allein der Machterhaltung dienen und auf eine bestimmte Masse übertragen werden muß; sie selber partizipieren insofern daran, indem man ihnen Privilegien oder Sonderrechte einräumt und damit selbst wieder zu Abhängige macht.

Auf diese Weise wird eine wichtige Voraussetzung der Machterhaltung erfüllt: Die Organisation, die letztlich legislativ wie auch exekutiv wirken kann und muß. Legislativ durch ein gleich wie zustande gekommenes Parlament, Komitee oder einer Körperschaft. Exekutiv durch Bildung von bewaffneten Verbänden wie Polizei, Armee, Miliz und dergleichen.

Ist dieser Zustand erreicht, ist eine Gruppe, eine Gemeinschaft, ein Volk beherrschbar geworden. Entsprechend der Macht-Zielsetzung sind die betroffenen Menschen von nun an der „Obrigkeit" praktisch ausgeliefert. Es spielt dabei keine Rolle, ob „Obrigkeiten" demokratisch, autokratisch oder glaubensabhängig zustande gekommen sind. Aber immer bleibt der ursprüngliche Macht-Faktor denjenigen vorbehalten, die als Initiatoren der Macht-Idee Geltung verschafft haben. Daraus ergibt sich aber auch zwangsläufig die Endlichkeit von „Macht" im weitesten Sinne: Die Strukturen, die Menschen mit ihren Kenntnissen, Erkenntnissen und Wandlungen ändern sich periodisch. Hierdurch wird „Macht" angreifbar und verletzlich oder hebt sich von selber auf.

Nur auf dieser Basis haben sich im Verlaufe der Weltgeschichte „Macht-Verschiebungen" vollzogen. Unsere moderne Zeit läßt es kaum mehr zu, willkürliche Macht anzustreben oder gar zu verwirklichen. Im Gegenteil lösen sich Macht-Strukturen auf, die über Jahrzehnte hinweg Menschen unter der Knute gehalten haben. Freilich, Relikte von Macht-Bestrebungen wird es immer geben, jedoch ist bei den Menschen ein Bewußtseinswandel im Gange, dessen Ergebnis für die Zukunft niemand abzuschätzen vermag.

Eine Ausnahme der „Macht" bilden die Weltreligionen. In gewisser Weise ist hier „Machtvollkommenheit" erreicht worden und zwar in dem Sinne, wenn Religion gleich Staat und beides zusammen die Existenz ganzer Völker ausmacht. Weil die Weltreligionen Ursprung aller Kultur sind, werden sie für alle Zeiten Geltung und damit Macht über die Existenz der jeweiligen Menschen behalten. Das schließt eine Liberalisierung innerhalb der Weltreligionen natürlich nicht aus, sie sind ebenfalls den Wandlungen der Zeit unterworfen.

Das Christentum, das Judentum, der Islam, der Buddhismus, der Hinduismus und der Taoismus: Sie alle müssen einer Gesamtschau unterzogen werden, will man die wirkliche Macht der Weltreligionen begreifen.

Die politische Macht, westlicher Prägung jedenfalls, hat sich der wirtschaftlichen Macht anheimgestellt. Entgegen der griechischen Philosophie, wonach der Staat unabhängig sein muß und seine Bürger allein, in freier Willensentscheidung die demokratische Grundordnung bestimmen, ist heute praktisch jeder Abgeordnete eines Parlaments bereits abhängig. Abhängig von Wahlkampf, spendenabhängig vom Wohlwollen der Partei-Oberen, abhängig aber auch von der eigenen Existenzgrundlage. Was daraus zwangsläufig entstehen mußte, sind Lobbys, deren Interessen wahrgenommen werden müssen, weil sonst ganze Staatswesen zusammenbrechen würden. Was auf der Strecke bleibt, ist der sogenannte „mündige Bürger". Und damit schließt sich der Kreis von „Macht".

Worin besteht nun die Macht der Kosmetik-Industrie? In der Wirksamkeit ihrer Produkte? In ihrer sozialen Einstellung gegenüber den Konsumenten? Oder gar in ihrem Bestreben, der Gesundheit zu dienen? Das alles ist barer Unsinn. Die Macht der Kosmetikindustrie besteht, wie bereits angesprochen, einzig und allein in ihrer Finanzkraft, nichts sonst. Nur würde das auch nichts nutzen, stünden nicht Werbeunternehmen zur Verfügung, die von der Kosmetik-Industrie beauftragt werden, deren Produkte zu vermarkten. Gelingt ihnen das, wird viel Geld verdient, andernfalls fliegt man raus. Das ist zwar eine primitive, jedoch wirkungsvolle Methode, die Werbefachleute zu „Märchenerzählern" zu machen. Mit anderen Worten: Es kümmert die Kosmetik-Industrie nicht, welche Werbeaussage letztlich über ihre Produkte gemacht wird.

Umsätze müssen her, nichts sonst. Es liegt auf der Hand, daß der große Konkurrenzdruck, vor allem bei gleichen oder ähnlichen Produkten, zu ausufernden unseriösen, ja bewußt falschen Werbeaussagen führen muß. Sich daraus ergebende Konsequenzen, z.B. Geldstrafen infolge Verstoßes gegen die Wettbewerbsgesetze, nimmt man leicht hin. Was bedeuten schon einige Tausend Euro Geldstrafe gegenüber Millionen unseriös erworbener Gewinne?

So ist es leicht zu verstehen, daß die Kosmetik-Industrie etwa 30 Prozent ihres Umsatzes in die Werbung investiert. Genauen genommen werden diese Unsummen vom Kunden bezahlt, nämlich über den Preis. Kein anderer Industriezweig kann sich ähnlich hohe Werbeetats erlauben...

Auf die Branche bezogen sind es nicht mehr als zehn Großunternehmen, die den „Kosmetik-Markt" beherrschen. Man mag sich auch wundern, daß nirgendwo ernsthafte Kritik an Kosmetik-Produkten geübt wird. Sind diese Produkte etwa so gut, daß sie keinerlei Kritik bedürfen? Auch das ist barer Unsinn. Die Wahrheit ist, daß diese zehn Großunternehmen durch Vergabe von Insertionsaufträgen, Werbespots usw. vielen einschlägigen Presseerzeugnissen erst die Existenzgrundlage schaffen. Wer würde sich da wohl über ein Produkt kritisch äußern, wenn ihm dadurch die Existenzgrundlage entzogen würde? Die Macht des Geldes einer einzigen Branche hat Abhängigkeiten geschaffen, die sogar die vielgelobte „Pressefreiheit" in Frage stellt - zumindest bei den einschlägigen Blättern.

Oder glauben Sie nicht auch mit mir, daß so mancher Journalist die Praktiken der Kosmetik-Industrie und den Wert ihrer Produkte gern unter die Lupe nehmen würde?

Das Bedauerliche an dieser Entwicklung aber ist, daß die Anbieter guter Natur-Kosmetika kaum eine Chance haben, „ins Geschäft" zu kommen. Sie haben nicht die Mittel, ihre Produkte mit einer ehrlichen Werbeaussage auf den Markt zu bringen. Zu fragen ist hier allerdings, ob eine ehrliche Werbeaussage überhaupt von den Menschen angenommen würde im Zeitalter von „mehr Schein als Sein".

KOSMETIK UND TIERVERSUCHE

Als naturverbundener Mensch fällt es mir schwer, die Scheußlichkeiten zu beschreiben, die Menschen an Tieren vollziehen, zum Zwecke der Täuschung natürlichen Aussehens - sprich Kosmetika.

Nur ein einziges Mal sollten Sie, meine verehrten Leser, die unaussprechliche Qual, Hilflosigkeit und Todesangst von Tieren erleben, denen Säuren, Gifte, Laugen oder andere Chemikalien in die Augen geträufelt, auf die geschorene und aufgeschlitzte Haut gestrichen oder in den Rachen gespritzt worden ist. Nicht etwa ein- oder zweimal, nein systematisch und solange, bis das Tier entweder stirbt oder wegen Lebensunfähigkeit getötet werden muß. Nur wenige Tiere kommen davon. Affen, Hunde, Katzen, Kaninchen, Meerschweinchen, Ratten und Mäuse sind bevorzugte Versuchstiere für jedwede Forschung. Dabei werden die größeren Tiere in einem Gestell festgeschnallt, „behandelt", und verharren so oft stunden- oder tagelang. Nach einer kurzen „Erholungsphase" geht dann die Schinderei von neuem los...

Das Herz würde Ihnen weh tun und eine kaum zu zähmende Wut käme in Ihnen hoch. Sie würden verzweifelt fragen, was das denn für Menschen sind, die das tun. Es käme Ihnen der Gedanke mitverantwortlich zu sein. Ihr Leben würde nie wieder so sein wie vorher. Menschen sind zu Grausamkeiten fähig, auch an uns selbst, zu denen die Kreatur nicht fähig ist! Wollen wir denn da humanitäres Handeln an der Schöpfung erwarten, wo Macht und Materialismus zur Maxime weiter Kreise geworden sind?

Drei Hauptfragen ergeben sich evident aus den bisherigen Feststellungen: 1. Sind Tierversuche notwendig? 2. Sind Ergebnisse aus Tierversuchen auf Menschen übertragbar? 3. Welche Erfahrungen liegen aus Produkten vor, die nach den Ergebnissen aus Tierversuchen produziert, gesetzlich geprüft, genehmigt und verkauft werden?

Zur ersten Frage sage ich entgegen der Befürwortung wohlgelehrter „Kapazitäten" nein. Warum? Den Menschen adäquate Substanzen - und um solche soll es sich ja in der Kosmetik handeln - bedürfen zwar der Dosierung, aber nicht der Prüfung grundsätzlicher Anwendbarkeit, ansonsten handelt es sich um körperfremde Stoffe, Gifte im weitesten Sinne, und die haben in kosmetischen Produkten nichts zu suchen. Wenn aber geprüft werden soll, bieten Pflanzen, Gewächse, Mineralien und Wasser bessere Möglichkeiten als die nichtswürdigen Tierversuche. Entsprechende Testverfahren durch Lösungen können mit herkömmlichen Substanzen leicht durchgeführt werden. Tierversuche sind also in keinem Fall notwendig, vor allem nicht für den simplen Zweck der Täuschung durch chemisch formulierte Kosmetika.

Zur zweiten Frage ist festzustellen, daß das Tiergewebe wesentlich vom Humangewebe abweicht. Zwar ist der Zellaufbau konzeptionell fast identisch, jedoch ist die Humanzelle eine in sich geschlossene Welt und durch die Evolution mit komplizierten Mechanismen ausgestattet, welche eine Tierzelle niemals aufweisen wird. Daraus ergibt sich zwangsläufig der wesentliche Unterschied in der Weiterentwicklung von der Zelle zum Gewebe, zu Organen und schließlich zu kompletten Lebewesen. Die Kompliziertheit einer menschlichen zu einer tierischen Zelle möchte ich in einem technischen Vergleich darstellen: Die tierische Zelle ist wie eine alte Handrechenmaschine, während die menschliche Zelle einem hochmodernen Computer gleichkommt. Und genau so wenig wie sich beide Systeme aufeinander übertragen lassen, können Ergebnisse aus Tierversuchen auf Menschen übertragen werden. Allenfalls sind nur approximativ Ähnlichkeiten vorhanden. Aber dieser Umstand rechtfertigt niemals die Grausamkeit der Tierversuche. Ich jedenfalls stelle den Tierquälern kein Alibi für ihr Handeln aus, mögen sie sich auch noch so entrüstet auf die Gesetzmäßigkeit ihres Handelns berufen. Sie sind Handlanger zur Vernichtung von Lebewesen. Ergebnisse aus Tierversuchen sind also auf Menschen nicht übertragbar. Tierversuche selbst sind eine Perversion fortschreitender menschlicher Dekadenz.

Die Beantwortung der dritten Frage zeigt das ganze Dilemma eines Systems, das sich Wissenschaft nennt. Es ist Tatsache, daß die meisten Wissenschaftler Tierversuche und Grausamkeiten an Tieren strikt ablehnen. Es sind die relativ wenigen, meist staatlich sanktionierten Wissenschaftler - und deswegen übermächtig - die nicht nur die diesbezüglichen Gesetze beeinflussen, sondern in ihrer Arroganz niemals bereit sein werden, sich zu korrigieren bzw. Fehler einzugestehen.

Freilich liegen Ergebnisse und Erfahrungen von Produkten vor, die aus Tierversuchen resultieren und von Wissenschaftlern und Gesundheitsbehörden abgesegnet wurden. Aber welch grausame! In der Pharmazie erinnere ich nur an die Contergan-Katastrophe. Sie wird uns noch lange gegenwärtig bleiben. Einen direkt Schuldigen hat man allerdings bis heute nicht gefunden - oder nicht finden wollen? Das ist das Teuflische an einem hierarchisch aufgeplusterten System: Niemand ist schuldig oder bereit, Schuld auf sich zu nehmen. Zu der Unverantwortbarkeit tritt die persönliche Feigheit hinzu. Die Tatsache, daß immer wieder Präparate (vor allem Medikamente) aus dem Verkauf genommen werden, weil sie sich als schädlich am Menschen erwiesen haben, spricht für die Richtigkeit meiner Darlegung. Dennoch können sich täglich neue Medikamenten-Katastrophen ereignen. Es stellt sich zwingend die Frage, ob die Verwendung der Ergebnisse aus Tierversuchen zur Herstellung pharmazeutischer Präparate nicht die eigentliche Ursache solcher Katastrophen ist. Ich jedenfalls bin davon überzeugt. Das heißt aber auch, daß Tierversuche nicht nur nicht notwendig sind, sondern darüber hinaus zu Fehleinschätzungen führen, mit mitunter schwersten Folgen für die Menschen.

Aber es gibt auch in der Kosmetik täglich Fälle, in denen beispielsweise der Friseur, durch Verwendung von Haarfärbe- oder Bleichmittel, schwerste Schäden an Kopfhaut und Haaren verursacht, ja sogar die Augen verätzt. Schäden durch künstliche Bräunungen, Hautstraffungen mit Lotionen, Cremes usw. sind an der Tagesordnung. Es genügt schon die Nichtbeachtung der Warnhinweise auf der Packung, körperliche Schäden zu verursachen. Welch ein Widerspruch! Da werden Tiere grausam gequält und es genügt die Außerachtlassung eines Warnhinweises, um beim Menschen schwerste Gesundheitsschäden hervorzurufen. Was ist das für eine Logik!

Es bleibt mir nichts anderes übrig als festzustellen, daß Tierversuche reine Alibi-Funktion haben, außerhalb jeglichem menschlichen Empfinden. Und es sei nochmals darauf hingewiesen, daß Tierversuche nicht etwa den Zweck haben, Wirkungen von Kosmetika nachzuweisen, was auch nicht möglich ist, sondern die Schädlichkeit von Substanzen am Menschen zu prüfen. Das ist das einzige Argument dieser Tierquäler. Man nimmt also die Schändung lebensberechtigter Wesen in Kauf, um einer noch nie in solchem Maße dagewesenen Täuschungsindustrie die Möglichkeit zu eröffnen, scheinbar legal - wenn auch schädigend - unvorstellbare Gewinne zu erzielen. Fallen wir nicht mehr darauf herein!

DIE VERWENDUNG VON DÜFTEN UND FARBEN IN DER KOSMETIK

Die Verwendung von Düften und Farben in der Kosmetik hat eine Jahrtausendealte Tradition. In Ägypten war man bereits 1500 Jahre vor Christus in der Lage, Parfüms herzustellen, deren Zusammensetzung man bis heute nicht zu enträtseln vermochte. Das berühmteste Parfüm heißt KYPHI. In den Grabbeigaben des Pharaos Tut ench Amun (um 134● v. Chr.) wurden 1922, als man das Grab unbeschädigt im Tal der Könige bei Theben fand, neben unschätzbaren Kostbarkeiten auch Reste dieses einmaligen Parfüms gefunden, über Jahrtausende hinweg konserviert und nach wie vor seinen köstlichen Duft verströmend. Kleopatra (69-30 v. Ch.) sagt man nach, sie habe die römischen Eroberer, besonders Cäsar, mit dem sie später einen Sohn hatte, und Marcus Antonius, den sie nach Cäsar's Tod heiratete, mit diesem Parfüm gefügig gemacht. Kein Wunder, galt doch jedes Parfüm als „Schweiß der Götter". Und wer den „Schweiß der Götter" verströmte, galt als „göttergleich". So ist dieser Begriff in der Antike entstanden - und man wähnte sich auch „göttergleich". Allerdings waren Parfüms nur einer kleinen Oberschicht vorbehalten. Auf diese Weise erhielt man sich den Nimbus der „Göttlichkeit" - und damit die Macht.

Die Farben dienten zunächst mehr einem rituellen als schmückenden Zweck. Man war der Ansicht, daß aus Erdmaterial gewonnene Farben den Göttern zugeordnet werden müßten, um so deren Wohlwollen zu erlangen. Den Riten entsprechende kultische oder religiöse Gegenstände, Kultplätze, später Tempel usw. wurden mit den Göttern zugeordneten Farben bemalt. Diese Symbolik übertrug sich auf die Priester, Häuptlinge, Medizinmänner und Oberen. Das war der Beginn späterer Kirchenmalerei und der Ornate von Religionsführern, aber wohl auch der Farben-Kosmetik. Ob dabei die Höhlenmalerei aus prähistorischer Zeit, z.B. die kultischen Felszeichnungen von Altamira, als Vorbild diente, ist nicht gesichert, jedoch wahrscheinlich. Da nun Farben etwas „Schmückendes" an sich haben, begannen die Frauen der Privilegierten, sich mit Farben zu

„verschönern" - also auch zu täuschen. Zunächst waren es die Augenlider, Wimpern, Finger- und Fußnägel, die man sich möglichst bunt bemalte bzw. anstrich. Später kamen Schminken für den Teint hinzu und schließlich Farben für die Haarfärbung. Sogar die Innenflächen der Hände, sowie die Fußsohlen wurden gefärbt. Es entwickelte sich daraus eine regelrechte Schmink-Kultur, die von den Griechen und Römern übernommen wurde. Galt das Farb-Schminken bei den besonders privilegierten Frauen zunächst als vornehm und edel, verflachte dieser Eindruck jedoch im Verlaufe der Epochen immer mehr. Zeitweise schminkte man sich überhaupt nicht mehr, um durch „vornehme Blässe" gegenüber den Arbeiterinnen und Sklavinnen, die stets von der Sonne gebräunt waren, aufzufallen.

Die volle Blüte erlangte die Kunst der Parfümierung und des Schminkens jedoch erst viel später: Am Hofe der französischen Könige Ludwig XIV. (1638 - 1715 Sonnenkönig) und Ludwig XV (1710 - 1774) galt es als Pflicht, sich täglich zu schminken und mit immer neuen Duftnoten zu erscheinen. Das war wohl auch notwendig, denn Waschen war verpönt. Es bedurfte schon intensiv duftender Parfüms, den üblen Körpergeruch zu übertünchen und das betraf Männlein wie Weiblein gleichermaßen. Es ist erstaunlich, mit welchem Gleichmut man damals die aus solchem Verhalten zwangsläufig entstandenen Hautschäden ertragen hat.

Aber die Kunst des Schminkens und Parfümierens geriet auch in Verruf. Es waren die Clowns, Gaukler und Hofnarren des Mittelalters, die durch Übertreibung dieser Künste der sogenannten „feinen Gesellschaft" einen Spiegel vorhielten und sie so lächerlich machten. Zum Ende des 19. und am Anfang des 20. Jahrhunderts lehnten die Damen der Gesellschaft das Schminken völlig ab - man zeigte sich wie man war. Parfüms wurden nur in dezenten Noten und sehr sparsam verwendet. Wer sich nicht daran hielt, geriet in den Verdacht, ein „leichtes Frauenzimmer" zu sein und wer wollte das schon? Bei den Männern überwog die „Männlichkeit", der „Ganze Kerl", und der hatte weder Schminke noch Parfüm nötig. Erst nach dem 1. Weltkrieg erfuhr die Kosmetik heutiger Prägung einen Aufschwung ohnegleichen und setzt sich, noch verstärkt, weiter fort...

Eines sollte aber nicht unerwähnt bleiben, nämlich die Wirkung von Schminke und Parfüm, sprich Farbe und Duft, auf die Sexualität. Wenn man unterstellt, daß diese Künste ihren Ursprung in den kultischen Riten vergangener Epochen haben, entbehrten diese keinesfalls eines sexuellen Aspekts. Ganz im Gegenteil, die Sexualität war und ist immer wichtiger Bestandteil religiöser Betätigungen und Überzeugungen. Der damit getriebene Mißbrauch entspricht dem jeweiligen Zeitgeist und hat mit der Natürlichkeit dieses Triebes nichts zu tun.

Wenden wir uns nun den Substanzen zu, aus denen man früher Schminken, Puder und Parfüms produziert hat: Sie kamen sämtlich aus dem tierischen, pflanzlichen oder mineralischen Bereich. Chemisch aufbereitete Stoffe und Lösungsmittel kannte man nicht. Um den flüchtigen Duft der Parfüms zu erhalten, wurden sie meist in Cremes, Pasten oder Ölen eingearbeitet. Doch diese waren zum Teil stark gesundheitsgefährdend, was man aber damals nicht wissen konnte. In ihren Basen, die aus Talkum, Alabaster, Malachit, Bleiglanz, Hämatit oder Ocker bestanden, waren Quecksilber, Kupfer, Kobalt und Blei enthalten, also hochgiftige Substanzen. Man wunderte sich zwar, daß gerade in den „vornehmen" Kreisen Zahn- und Haarausfall sowie Gicht, Rheuma und Blutkrankheiten überwogen, aber man führte das auf die permanente Völlerei in diesen Kreisen zurück.

Heute wissen wir, daß man sich schon damals mit Kosmetika systematisch vergiften konnte. Insofern hat sich bis heute nicht viel geändert. Nur ist ein wesentlicher Unterschied dabei. Damals vergiftete man sich unbewußt, während wir es heute bewußt tun. Relativ harmlos war das Einfärben der Haare mit Henna, Rhizinusöl oder schwarzem Antimonpulver. Rhizinusöl sollte sogar die Glatzenbildung verhindern.

Gut und gefahrlos hingegen waren alle Rezepturen, die als Basis Honig, Eselsmilch, Myrrhe, Kalmus oder Zimt enthielten. Das Problem lag hier in der Konservierung: Wenn die Produkte nicht schnell verbraucht wurden, lag die Gefahr der Fäulnis nahe und damit eine bakterielle Verseuchung der Haut.

Ohne Probleme waren die reinen Parfüms, die aus Moschus (Sekret des männlichen Moschusochsen), Zibet (Sexualdrüsensekret der Zibetkatze), Ambra (krankhafte Ausscheidung im Magen des Pottwals), Rosen und Jasmin gewonnen wurden. Darauf basierte, mit noch anderen uns unbekannten Ingredienzien, der unvergleichliche Duft klassischer Parfüms und Duftstoffe.

Wie sieht das nun heute aus? Es ist unbestritten, daß die Chemie synthetische Parfüms „erfunden" hat, die unsere „modernen" Nasen „verwöhnen". Außerdem sind sie für jedermann erschwinglich und genügen dem erwarteten Zweck. Will man aber ein Parfüm, hergestellt aus edlen Grundstoffen, erwerben, wird man blaß bei Nennung des Preises. Und im Vergleich solcher Parfüms zu den synthetisch hergestellten riecht jeder Laie den Unterschied und weiß spätestens dann, was „Parfüm" wirklich ist.

Bereiten die Düfte in modernen Kosmetika auch wenig Sorgen, wenngleich eine Sensibilisierung der Haut durch sie unvermeidbar ist, sind starke Bedenken bei der Verwendung chemischer Farbstoffe in der dekorativen Kosmetik, bei der Haar- und Körperfärbung sowie in Sonnenschutzmitteln am Platze. Der Gesetzgeber hat für diese Bereiche eine Reihe von Geboten und Verboten erlassen. Jedoch werden diese, wie bereits ausgeführt, von der Kosmetik-Industrie unterlaufen. Selbst eine ständige Aktualisierung dieser Gebote und Verbote nutzt nichts. Werden einige Farbstoffe auf die Verbotsliste gesetzt, kommen neue auf den Markt. Dieses „Katz und Mausspiel" zwischen Industrie und dem Gesetzgeber wäre lächerlich, würden nicht Menschen die Leidtragenden sein. Sie bleiben nämlich auf der Strecke, mit mitunter irreparablen Schäden an Haut und Haaren.

Einige Beispiele sollen Ihnen vor Augen führen, welche chemischen Farbsubstanzen, abgesegnet durch den Gesetzgeber, in der Kosmetik Verwendung finden. Auch wenn toxikologische und dermatologische Gutachten über deren Unbedenklichkeit - durch Tierversuche festgestellt - vorhanden sind, genügt eine fahrlässige Anwendung oder falsche Dosierung dieser Farbstoffe, bleibende Schäden beim Menschen zu verursachen.

Farbverändernde, temporäre oder permanente Haar-Färbungen werden erreicht mit Wasserstoffperoxydlösungen, Naphtol-Antrachinon-Chinominverbindungen, Anilinfarben, Diaminonitrobenzol, Chrysoidin, Nitroderivate, Octadezylpyridinbromid und vielem mehr.

In Hautbräunungsmittel sind enthalten Alloxan, Hydroxymethylglyoxal, Glycerinaldehyd und noch weitere mehr.

So könnte ich fortfahren und alle Farbkosmetika chemisch aufschlüsseln. Das hätte aber keinen Sinn, wäre unverständlich und würde Ihnen nichts bringen. Belassen wir es bei den wenigen Beispielen. Eines aber sollte die logische Konsequenz daraus sein, nämlich: Überlegen Sie in Zukunft, ob es nicht doch besser wäre, auf diese Art der Farbkosmetik gänzlich zu verzichten. Nicht nur Ihrer Gesundheit wegen, sondern auch im Interesse einer besseren und sauberen Umwelt.

Natürlich soll niemand darauf verzichten, Haut und Haare dezent einzufärben bzw. zu „verschönern". Die Natur bietet auch heute noch genügend Möglichkeiten dazu. Mit Henna, Kamille, Rhabarberwurzel, Zwiebelschale, Walnußschale, Nußbaumblätter oder Schwarztee lassen sich hervorragende Farb-Effekte erzielen. In Produkten aus natürlichen Ingredienzien eingearbeitet, haben Sie die Gewähr, Ihrer Haut und Ihren Haaren keinerlei Schaden zuzufügen - und das ist ein gutes Gefühl. Entsprechende Rezepturen für natürliche Farbkosmetika finden Sie in diesem Buch.

NATÜRLICHE HAUTPFLEGE

Bisher haben Sie alles Wissenswerte über die Haut erfahren und kennen nun die kausalen Zusammenhänge im Positiven wie im Negativen. Was bleibt, ist die Begründung für eine natürliche Hautpflege. Die Notwendigkeit dazu ergibt sich aus dem täglichen Einerlei und da stellen sich doch eine Menge Fragen:

Viele Frauen sind der Ansicht, daß sich Hautpflege vorwiegend auf die sichtbaren Hautpartien, also Gesicht, Hals, Dekollete und Hände, beschränken läßt. Das ist nicht nur falsch, sondern auch gefährlich. Falsch, weil die ganze Haut eine in sich geschlossene Organ-Einheit bildet, sich also nicht eingrenzen läßt. Und gefährlich deswegen, weil die nicht gepflegten Hautpartien um so sensibler werden, je mehr andere gepflegt werden.

Es ist ganz natürlich, daß sich z.B. parasitäre oder bakterielle Einflüsse zu aller erst an ungeschützten Hautstellen bemerkbar machen. Das heißt aber nicht, daß die „geschützten" Hautstellen davor gefeit wären. Ganz im Gegenteil, sie leiden oft von innen nach außen und das ist schlimmer als umgekehrt, weil so schwerste Hautschäden auftreten können.

Natürliche Hautpflege kann also immer nur im Ganzen betrieben werden und das hat mit kosmetischen Übertünchungen wirklich nichts zu tun. Daß einige Hautpartien mehr, andere weniger äußeren Einflüssen ausgesetzt sind, ändert nichts an der Richtigkeit dieses Prinzips. Natürliche Hautpflege muß also im Ganzen, aber differenziert durchgeführt werden.

Überlegen Sie einmal, wie viel Schmutz, Staub, Schweiß, ungesunde Feuchtigkeit oder Trockenheit unsere Haut täglich tangiert. An vielen Arbeitsplätzen wird mit Säuren, Laugen, giftigen Chemikalien gearbeitet. Es entstehen häufig giftige Dämpfe, die nicht nur eingeatmet werden, sondern sich auch auf der Haut ablagern. Die Poren werden verstopft und die lebensnotwendige Hautatmung unterbunden. Wenn dann die Poren zusätzlich mit irgendwelchen auf chemischer Basis hergestellten Cremes, Pasten oder Lotionen verstopft werden, auch wenn man glaubt, sich vorher ordentlich gewaschen zu haben, sind Hautschäden unausweichlich.

Selbstverständlich gibt es eine Fülle von Maßnahmen und Natursubstanzen, mit denen gezielt Hautpflege betrieben werden kann. Hautpflege betreiben bedeutet aber immer, die Haut zunächst zu säubern. Das heißt, sie von allen hautfremden Substanzen, aber auch von Talgrückständen auf der Haut zu befreien. Und da gibt es, bei normaler Verschmutzung, nichts Besseres, als das reine, saubere Wasser. Ob kalt, lauwarm oder warm - heiß nur bei Bädern oder Gesichtsdampfbädern - richtig angewendet, wird die Haut nicht nur gesäubert, sondern auch besser durchblutet. Das allein kann schon zu einer wesentlich besseren Haut-Struktur führen. Nun haben leider viele Gegenden kaum noch reines, klares Wasser. Hier ist es zu hart, dort ist zu viel Chlor, Kalk oder Magnesium im Wasser enthalten. In solchen Fällen empfiehlt es sich, das Wasser gut abzukochen oder es mit Borax zu enthärten. Am besten eignet sich zur Hautreinigung das weiche Regenwasser, das allerdings mit einem Kaffeefilter gefiltert werden sollte.

Verwenden Sie auch auf keinen Fall alkalihaltige Seifen für die Hautreinigung (Alkalien sind Wasser Verbindungen aus einwertigen Erdmetallen, das sogenannte Ätznatron). Solche Seifen enthalten auch - um das Produkt attraktiver zu machen - neben den alkalischen Stoffen chemische Schaumerzeuger, Farben und Riechstoffe. Bei empfindlicher Haut kann die Verwendung solcher Seifen zu Haut-Affektikonen führen (Ekzeme, Schuppenflechte, Akne, Hautrötungen). Wenn aber Seife verwendet werden muß, nehmen Sie z.B. Baby-Seife. In Apotheken gibt es auch gute Glycerin- oder medizinische Seifen. In jedem Falle muß die Haut nach dem Waschen mit Seife so lange mit klarem Wasser abgespült werden, bis der letzte Seifenrest entfernt ist. Ist die Haut aber stark verschmutzt (durch Öl, Teer, Farbe usw.), reichen Wasser und Seife zur Reinigung nicht aus. In solchen Fällen empfehle ich als Lösungsmittel 70%igen medizinischen Alkohol. Sorgen Sie aber dafür, daß der dadurch geschädigte Säureschutzmantel wieder hergestellt wird. Ein paar Tropfen reines Olivenöl, sanft in die Haut einmassiert, erfüllen diesen Zweck.

Gezielte natürliche Hautpflege beginnt immer mit einem Vollbad, ohne jeglichen Zusatz. Man setzt sich in die mit lauwarmem Wasser halbgefüllte Badewanne. Dann läßt man, je nach Verträglichkeit, heißes bis sehr heißes Wasser solange nachfließen, bis der Körper bis zum Hals mit Wasser bedeckt ist. Es läßt sich nicht vermeiden, daß Sie dabei eine halb liegende Stellung einnehmen. So verharren Sie möglichst bewegungslos 7 bis 10 Minuten. Sie bemerken während oder nach dieser Zeit ein angenehmes Kribbeln am ganzen Körper. Das ist der Beweis, daß das Blut besser zirkuliert und die Haut eine totale Durchblutung erfährt. Nun lassen Sie das Wasser ablaufen, stehen auf und reiben den Körper sanft mit einem trockenen Schwamm oder Tuch solange ab, bis er völlig trocken ist. Anschließend legen Sie sich 10 bis 15 Minuten gut bedeckt ins Bett oder auf eine Liege. Zugluft müssen Sie unbedingt vermeiden. Machen Sie pro Woche zwei solcher Bäder und Sie werden angenehm überrascht sein.

Sollten Sie kein Bad haben, machen Sie dasselbe unter der Dusche. Ist auch diese nicht vorhanden, reiben Sie den Körper von oben bis unten mit zunächst lauwarmem, dann mit heißem Wasser ab. Alles andere bleibt wie beim Bad.

Eine spezielle, aber sehr wirkungsvolle Form der Gesichtspflege ist das Gesichtsdampfbad. Dazu nehmen Sie einen Topf mit etwa 5 Liter Fassungsvermögen, füllen ihn zur Hälfte mit klarem Wasser und erhitzen ihn, bis Dampf aufsteigt. Nun beugen Sie sich darüber und decken den Kopf mit einem Handtuch ab. Lassen Sie den Dampf 3 bis 5 Minuten einwirken. Anschließend das Gesicht sanft trockenreiben. Die Röte Ihrer Gesichtshaut beweist die nunmehr gute Durchblutung. Auch das Gesichtsdampfbad sollte zweimal pro Woche gemacht werden, nur nicht an den gleichen Tagen wie das Bad.

Die besten Erfolge für Hände, Arme und Füße erzielen Sie mit Wechselbädern. Stellen Sie je eine Schüssel mit kaltem und heißem Wasser auf den Tisch (Hände und Arme), oder auf die Erde (Füße) und tauchen Hände, Arme oder Füße eine Minute in das kalte und 1/2 Minute in das heiße Wasser ein. Diesen Wechsel machen Sie 3 bis 5 mal. Anschließend ebenfalls sanft trockenreiben. Neben der besseren Durchblutung werden auch mit der Zeit Verhornungen beseitigt. Diese Wechselbäder können Sie, wenn erforderlich, ruhig für eine Weile täglich wiederholen.

Bei fettiger Haut sollte eigentlich außer intensiven Waschungen keine Zusatzbehandlung nötig sein. Allenfalls käme eine Lotion oder Creme auf Milchbasis bzw. leichter Schwefelpuder in Frage, um der Talgbildung entgegenzuwirken. Bei spröder, trockener Haut hingegen empfehle ich Einreibungen mit einer Honig-Mandelkleie-Lotion oder Creme. Bei den Rezepturen finden Sie entsprechende Vorschläge.

NATÜRLICHE HAARPFLEGE

Die Haarpflege ist eng mit der Hautpflege verbunden. Schließlich ist die Kopfhaut der Nährboden für das Haar und damit verantwortlich für das „Wohl und Weh" des Haarwuchses. Jede Störung in der Funktion der Kopfhaut muß daher zwangsläufig zu Schäden im Haar-Wachstum führen. Eine saubere gut durchblutete Kopfhaut ist gleichbedeutend mit einer ausreichenden Versorgung der Haarpapillen mit Sauerstoff, Fett- und Eiweißstoffen.

Wird die Kopfhaut nicht genügend gepflegt, sorgen Schmutz und Bakterien für eine Verstopfung der Haarfollikel. Das bedeutet dann zunehmenden Haarausfall und Schäden an der Kopfhaut bis hin zur Glatzenbildung. Ist ein solcher Zustand einmal erreicht, ist es schwer, dagegen anzugehen, zumindest dauert es sehr lange, bis solche Schäden behoben sind.

Die gravierendsten Fehler bei der Haarpflege begeht man heutzutage durch die Verwendung von Detergentien-Shampoos und alkalischen Seifen. Alkalische Seife kennen Sie ja bereits aus dem vorigen Kapitel. Detergentien sind chemische Schaummittel mit einem hohen Anteil chemischer Wasch-Aktiv-Stoffe. Sie beruhen auf einer reinen Kohlenstoff-Basis und haben die Eigenschaft, Haare und Kopfhaut auszutrocknen bzw. den Säureschutzmantel zu zerstören. Werden die Haare häufig mit solchen Produkten gewaschen, quillt das Haar, verliert die Reißfestigkeit und bricht ab. Außerdem ist es schwer, Rückstände davon durch normale Spülung von der Kopfhaut bzw. aus dem Haar zu entfernen. Ein weiterer grober Fehler ist die Haartrocknung mit einem elektrischen Fön. Dadurch trocknet die Kopfhaut aus und es bilden sich dort feine Hautrisse, in denen sich Schmutz und Bakterien tummeln. Auch das kann schwerwiegende Folgen für Kopfhaut und Haare nach sich ziehen.

Die „Fremdeinwirkung" durch Friseure sollte ebenfalls nicht unbeachtet bleiben. Dieser Berufsstand ist gezwungen, industriell hergestellte Haarpflegemittel praktisch an Kunden auszuprobieren. Sie tun es in gutem Glauben, können aber leider die Wirkungsweisen der verwendeten Präparate nicht beurteilen und damit deren Schädlichkeit. In diesem Bereich entstehen ungewollt viele Schäden an Kopfhaut und Haaren.

Bei den Frauen ist die Quote der Haarschäden, bedingt durch falsche Haarpflege, besonders hoch. Aus welchen Gründen auch immer, muten viele Frauen der Kopfhaut und den Haaren „Haarsträubendes" zu: Bürstenmassagen, die die Schutzschicht der Kopfhaut zerstören, Haarfestiger und Haarsprays, die das Haar mit einer Isolierschicht gegen äußere Einflüsse, umgeben sollen, in Wirklichkeit jedoch, bedingt durch die sich in solchen Präparaten befindlichen alkoholischen Lösungen, ein Austrocknen der Kopfhaut und Brüchigwerden der Haare herbeiführen. Färben der Haare mit chemischen Farbstoffen, die die eigene Produktion der Haar-Pigmentierung unterbinden und schließlich die Dauerwell-Präparate, die zur Haar Verformung führen, indem die Keratinfasern gegeneinander verschoben werden. Dadurch werden Haare und Haarboden porös, brüchig und bieten ebenfalls Schmutz und Bakterien regelrechte „Brutplätze".

Wie sieht nun die natürliche Haarpflege aus? Die Antwort ist relativ leicht: Tun wir doch das, was früher getan wurde, als es noch keine Chemie gab und unsere Lebensweise natürlichen Gegebenheiten entsprach. Das ist heute genauso möglich wie früher. Wenn man aber zunächst die gemachten Fehler addiert und die unvermeidbare Belastung durch die Umwelt hinzunimmt, ist es kein Wunder, daß neben den Haut- auch die Haarschäden kontinuierlich zunehmen.

Erinnern Sie sich, was ich im Kapitel „...was bewirkt moderne Kosmetik" schrieb? „Hautprobleme sind heutzutage mehr provokativ als unvermeidbar." Das trifft auf Haarschäden besonders zu.

Natürliche Haarpflege von außen heißt immer: Haare und Kopfhaut von Schmutz, Staub, Fett, Talg und Bakterien durch Waschen befreien und anschließend den Säureschutzmantel wieder herstellen.

Natürliche Haarpflege von innen ist immer mit den Nahrungsgewohnheiten verbunden. Das heißt, die Nahrung muß genügend Eiweiße und Mineralstoffe enthalten, sie sind die Träger und Bausteine des Keratins.

Es gibt hervorragende Shampoos, die Sie selber aus reinen Naturprodukten herstellen können. Für trockenes oder fettiges Haar, Shampoos für eine bessere Durchblutung der Kopfhaut usw. Ebenso duftende Haarspülungen, Festiger und Färbemittel. Und vor allem Haarkuren, die den Haarwuchs entscheidend verbessern, aber alles aus reinen Natursubstanzen.

Unterziehen Sie sich der angenehmen Mühe, Ihre natürlichen Haarpflege-Produkte selbst herzustellen. Ihre Mühe wird reichlich belohnt. Sie können sogar einen Teil der notwendigen Naturprodukte selber sammeln. Wo immer die Gelegenheit geboten ist, gehen Sie in die Natur und sammeln Löwenzahn, Brennessel, Kamille, Birkenblätter usw. Sie werden begeistert sein. Die Rezepturen für natürliche Haarpflege sind umfassend dargestellt, die Rohstoffe leicht zu beschaffen. Also viel Freude und Erfolg wünsche ich Ihnen als „Natur-Haarkosmetiker(in)".

REZEPTUREN FÜR NATÜRLICHE HAUTPFLEGE

Halten wir noch einmal fest: Naturkosmetik für die Haut muß drei Aufgaben erfüllen:

1. Reinigen der Haut
2. Pflege der Haut
3. Haut-Ernährung bzw. -Anregung.

Was nicht angestrebt werden darf, und auch nicht möglich ist, ist eine Veränderung des Hauttyps. Jeder Mensch hat seine individuelle, unverwechselbare Konstitution. Folglich hat auch jeder Mensch seinen eigenen Hauttyp, der unveränderbar ist. Was natürliche Kosmetik vermag, ist die ursprüngliche Beschaffenheit der Haut zu erhalten oder, wenn diese Beschaffenheit Mängel aufweist, zu verbessern und zu verschönern. Das zu erreichen entspricht einem natürlichen Bedürfnis nach Ästhetik und Hygiene - und ist ein schönes, weil erreichbares Ziel.

So gesehen sind alle Rezepturen und Tips für die natürliche Hautpflege zwar allgemein verwendbar, jedoch individuell veränderbar. Das bedeutet, daß durch Ausprobieren verschiedener Grundstoffe festgestellt werden kann, was der Haut am besten bekommt. Die Grundstoffe selbst sind daher so ausgewählt worden, daß bei sachgerechter Aufbereitung kein Schaden entstehen kann. Haben Sie aber einmal eine Substanz gefunden, die Ihrem Hauttyp adäquat ist, sollten Sie dabei bleiben, also nicht mehr wechseln.

Wenn Sie vor allem Rezepturen in der Zusammensetzung verändern, müssen die angegebenen Mengen jedoch eingehalten werden. Inwieweit Männer gleichermaßen natürliche Hautpflege betreiben wollen wie Frauen, hängt mehr von der Grundeinstellung als von der sachlichen Notwendigkeit des einzelnen ab, tun könnten sie es jedenfalls.

Verwenden Sie bei kosmetischen Zubereitungen immer frische Grundstoffe.

Abgelagerte Substanzen verlieren nicht nur an Wirkung, sie können auch bakteriell infiziert sein und damit Schaden anrichten. Stellen Sie auch niemals größere Mengen her. Im Kühlschrank aufbewahrt können Fett- und Ölemulsionen ca. vier Wochen unbeschadet überdauern. Viele Produkte sind auf natürliche Weise konserviert, indem z.B. Alkohol in ihnen enthalten ist. Am wichtigsten aber ist absolute Sauberkeit bei der Herstellung und den verwendeten Gefäßen, Tiegeln und Utensilien. Zum Abwiegen der relativ kleinen Mengen verwenden Sie am besten eine Briefwaage. Das Wiegegut geben Sie in leichte Plastikbecher.

Es ist alles in allem ein herrliches Gefühl, Tag für Tag mit selbsthergestellten Produkten von Kopf bis Fuß gepflegt zu sein, sich rundum wohlzufühlen. Sie haben es selbst in der Hand, das zu erreichen. Selbsthilfe durch Lebenshilfe macht es möglich.

Zunächst einige wichtige Tips für die natürliche Körperpflege:

Der **PH-Wert der Haut** läßt sich nach dem Bad, Waschen, Entfernen von Cremes, Make-ups usw. leicht wie folgt wieder herstellen. 2 Teile Obstessig mit 8 Teilen Wasser vermischen und in eine Sprühflasche geben. Gesicht, auch Hände, Arme, Beine, Körper einsprühen und an der Luft trocknen lassen.

Unreine Haut bekommt ein besseres Aussehen, wenn die Haut mehrmals täglich mit Obstessig oder Zitronensaft abgetupft wird.

Baden: Rosmarin oder Lavendel im Bad bringen den Kreislauf in Schwung. Heublumen straffen die Haut.

Glatte und weiche Gesichtshaut: Nach der Gesichtsreinigung etwas Vaseline in die feuchte Haut einmassieren. Nochmals anfeuchten und massieren. Die Haut wird weich und bekommt einen seidigen Schimmer, ohne fettig zu sein.

Milch-Honig-Bad: Erwärmen Sie einen Liter Milch und rühren 5 EL Honig hinein. Das geben Sie in die gefüllte Badewanne. 15 Minuten darin baden, den ganzen Körper ständig leicht massieren. Das ist eine Wohltat für Körper und Haut.

Mandelkleie: Sehr gut zur Reinigung fettiger oder unreiner Haut. Verstopfte Poren werden wieder frei, Waschen mit Seife erübrigt sich.

Parfüm: Keinesfalls vor dem Sonnenbad auftragen, es können Pigmentflecken entstehen. Parfümduft hält länger bei leicht eingefetteter Haut. Parfümflecken in Bekleidung lassen sich mit verdünntem Salmiakgeist entfernen.

Sauna: Vorher die Haut gut reinigen, sonst verstopfen die Poren und der Kreislauf kann zusammenbrechen.

Sonnenbrand: Gerötete Stellen mit in Kamillentee, Hagebuttentee oder Buttermilch getränkter Watte bedecken und 20 bis 30 Minuten einwirken lassen. Je nach Schwere des Sonnenbrandes wiederholen.

Deodorants: Trocknen die Haut im Sommer aus. Besser ist Körperpuder, er saugt den Schweiß auf und verhindert unangenehmen Körpergeruch.

Doppelkinn: Mit einem Aufguß aus Melisse und Wacholder (je 5 g auf 1 Tasse Wasser) das Doppelkinn kräftig einreiben. Danach Kopf bis auf die Brust sinken lassen und mit Schwung, aber vorsichtig, in den Nacken werfen. Das machen Sie 5 bis 10 mal hintereinander.

Augen: Zur Entspannung mit Borwasser oder Kamillentee getränkte Kompressen 10 Minuten auf die geschlossenen Augen legen. Vor dem Schlafengehen etwas Rizinusöl um die Augen herum einmassieren.

Rauhe Hände: Etwas Zucker in die Handfläche streuen, Olivenöl darüber geben und die Hände wie beim Waschen einige Minuten massierend bewegen. Anschließend die Hände mit einer Honigseife waschen.

Fingernägel: Fingerspitzen in einer mit warmem Wasser und dem Saft einer kleinen Zitrone gefüllten Tasse 5 Minuten baden. Anschließend die Fingernägel mit der Zitronenschale kräftig abreiben. Glättet und stärkt die Fingernägel und auch die Fußnägel.

Fußgymnastik: Die Zehen (auch in Schuhen, im Sitzen, am Arbeitsplatz) auf und ab bewegen und beim Gehen über den Fuß abrollen. Schafft gute Durchblutung.

Rasieren: Beim Rasieren wird die Haut beschädigt und der Säuremantel zerstört. Nach der Rasur das Gesicht mit einem Aufguß aus Arnika und Löwenzahn (je 5 g auf 100 ml Wasser) abtupfen.

HAUTCREMES

Bei allen Creme-Zubereitungen gilt folgendes:

1. Sie benötigen zwei feuerfeste Töpfe mit je 3 Litern Fassungsvermögen, die zur Hälfte mit Wasser gefüllt sein müssen und zum Kochen gebracht werden (Wasserbad).

2. Zum Schmelzen der Fettphase nehmen Sie ein Porzellangefäß und setzen es in das Wasserbad.

3. In einem weiteren Gefäß erwärmen Sie das entsprechende Rosen- Orangenblüten- oder sonstige Wasser gleichzeitig mit der Fettphase auf 70 Grad Celsius.

4. Ist die Fettphase geschmolzen und die dazugehörigen Ingredienzien eingearbeitet, das Gefäß aus dem Wasserbad nehmen und auf den Tisch stellen (Handtuch darunter legen).

5. Nun portionsweise die Flüssigkeit aus dem Gefäß gemäß Ziffer 3 hinzugeben und mit einem elektrischen Rührgerät (Mixer) homogen verrühren, bis die Masse emulgiert, das heißt dickflüssig und handwarm geworden ist.

6. Parfümieren, unter ständigem Rühren, immer erst zum Schluß bei ca. 20 Grad. Sie können aber darauf verzichten. Die Qualität des Produkts ändert sich dadurch nicht. Sensible Haut könnte durch Parfüm Schaden nehmen, probieren Sie das unbedingt aus.

7. Nehmen Sie zum Umrühren oder Verarbeiten nur Holzutensilien, niemals aus Metall, es bestünde die Gefahr der Korrosion und damit der Produktzerstörung.

8. Besorgen Sie sich Cremedosen mit etwa 50 ml Inhalt zum Aufbewahren der Cremes im Kühlschrank.

9. Sie können einen Teil der Fettphase im Kühlschrank aufbewahren und erst später zur fertigen Creme verarbeiten.

CREMES FÜR TROCKENE UND SPRÖDE HAUT

Nährcreme:

10 g Bienenwachs (weiß)

20 g Lanolinanhydrid

5 g Walrat

25 g süßes Mandelöl

25 g Traubenkernöl

50 g Rosenwasser

3 Tropfen Rosenöl

Herstellung: Bienenwachs, Lanolin und Walrat ins Wasserbad geben und schmelzen. Dann Mandel- und Traubenkernöl einrühren und diese Masse auf 70 Grad halten. Das ebenfalls auf 70 Grad erwärmte Rosenwasser Portionsweise mit dem Mixer in die Fettphase einrühren und bei 20 Grad parfümieren.

Eigenschaften: Diese Creme können Sie als Tages- und Nachtcreme verwenden. Sie hat hervorragende glättende und stimulierende Eigenschaften, ihre Bestandteile kommen dem Hautaufbau entgegen und werden daher von der Haut gut aufgenommen. Bitte nur dünn auftragen.

Regenerierende Creme:

15 g Lanolinanhydrid

10 g Bienenwachs (weiß)

0 g Kakaobutter

5 g Walrat

20 g Olivenöl

20 g Weizenkeimöl

10 g süßes Mandelöl

70 g Orangenblütenwasser

1 EL Bienenhonig

5 Tropfen Parfüm (eigene Wahl)

Herstellung: Lanolin, Bienenwachs, Kakaobutter und Walrat im Wasserbad schmelzen. Dann Olivenöl, Weizenkeimöl und Mandelöl einrühren und diese Masse auf 70 Grad halten. Das ebenfalls auf 70 Grad erwärmte Orangenblütenwasser portionsweise mit dem Mixer in die Fettphase einrühren und bei 20 Grad parfümieren.

Eigenschaften: Diese biologisch wertvolle Creme ernährt Ihre Haut und gibt ihr Geschmeidigkeit und Elastizität. Wenn Ihre Haut unrein, spröde oder schlecht durchblutet ist, den ganzen Körper kurmäßig damit eincremen, am besten vor dem Schlafengehen. Besonders zu empfehlen ist diese Creme bei alternder Haut.

Mandelcreme:

5 g Lanolinanhydrid

10 g Bienenwachs

5 g Kakaobutter

5 g Walrat

80 g süßes Mandelöl

60 g destilliertes Wasser

4 Tropfen Rosenöl

Herstellung: Lanolin, Bienenwachs, Kakaobutter und Walrat im Wasserbad schmelzen. Dann Mandelöl einrühren und Masse auf 70 Grad halten. Das ebenfalls auf 70 Grad erwärmte Wasser portionsweise mit dem Mixer in die Fettphase einrühren und bei 20 Grad parfümieren.

Eigenschaften: Diese Creme eignet sich hervorragend bei sensibler, strapazierter Haut, z.B. durch ständiges starkes Schminken, Arbeiten im Freien, starke Temperaturwechsel usw. Das Mandelöl bewirkt gute Durchblutung der Haut und öffnet die Poren. Das Bienenwachs und die Kakaobutter schirmen die Haut weitgehend vor äußeren Einflüssen ab. Eine wertvolle Creme, die am ganzen Körper verwendet werden kann. Hier sollte auf die Parfümierung gänzlich verzichtet werden.

CREMES FÜR FETTE, UNREINE HAUT

Honig-Hamamelis-Creme

10 g Bienenwachs

10 g Lanolinanhydrid

15 g Walrat

80 g Avocadoöl

70 g Hamameliswasser

1 EL Bienenhonig

3 Tropfen Thymianöl

Herstellung: Bienenwachs, Lanolin und Walrat im Wasserbad schmelzen. Dann Avocadoöl einrühren und Masse auf 70 Grad halten. In das auf ebenfalls 70 Grad erwärmte Hamameliswasser den Honig einrühren und portionsweise mit dem Mixer in die Fettphase einrühren und bei 20 Grad parfümieren.

Eigenschaften: Diese Creme ernährt die Haut mit biogenen Stimulatoren und wirkt entzündungshemmend. Außerdem bindet sie Talgrückstände auf der Haut, so daß die Poren frei werden und eine Klärung der Haut eintritt. Creme kann ebenfalls kurmäßig für den ganzen Körper verwendet werden. Morgens und abends jeweils nach dem Waschen dünn einreiben.

Arnikacreme:

15 g Lanolinanhydrid

10 g Walrat

5 g Kakaobutter

30 g Arnikaöl

10 g Avocadoöl

70 g Hamameliswasser

3 Tropfen Zimtöl

Die Herstellung dieser wertvollen Creme ist davon abhängig, daß Sie vorab selbst das Arnikaöl produzieren. Das ist relativ einfach und geschieht folgendermaßen: Sie geben eine Handvoll getrockneter Arnikablüten in ein gut verschließbares Glas (z.B. Marmeladenglas) und gießen Olivenöl darüber, bis die Blüten leicht angedrückt bedeckt sind. Das Glas stellen Sie dann eine Woche lang an einen dunklen, kühlen Ort. Anschließend den Ölauszug durch ein Leinentuch filtern und den Blütenrückstand mit der Hand auspressen. Evtl. nochmals filtern - fertig. Es lohnt sich wirklich.

Herstellung: Lanolin, Kakaobutter und Walrat im Wasserbad schmelzen. Dann Arnikaöl und Avocadoöl einrühren und die Masse auf 70 Grad halten. Das ebenfalls auf 70 Grad erwärmte Hamameliswasser mit dem Mixer portionsweise in die Fettphase einrühren und bei 20 Grad parfümieren.

Eigenschaften: Die Mühe hat sich gelohnt, denn mit dieser Creme bekommt Ihre Haut alles, was sie braucht: Feuchtigkeit, Nahrung, Entzündungshemmer und Reinigungsfaktoren. Dünn aufgetragen, kann sie als Tages- oder Nachtcreme für den ganzen Körper verwendet werden.

Lavendelcreme:

50 g Lanolinanhydrid

10 g süßes Mandelöl

10 g Weizenkeimöl

10 g ungesalzene Butter

10 g Bienenhonig

70 g Lavendelsud

3 Tropfen Lavendelöl

Auch bei dieser Creme müssen Sie vorab etwas vorbereiten und zwar: Nehmen Sie einen kleinen Behälter (Suppentasse), geben Sie 30 g Lavendelblüten hinein und übergießen Sie sie mit 60 bis 70 ml kochendem Wasser. Abgedeckt 30 Minuten ziehen lassen, dann abgießen und den Blütenrückstand mit der Hand auspressen, anschließend filtern - fertig!

Herstellung: Lanolin im Wasserbad schmelzen. Dann Mandelöl, Weizenkeimöl und Butter einrühren und Masse auf 70 Grad halten. Lavendelsud ebenfalls auf 70 Grad erwärmen und Honig einrühren. Nun portionsweise mit dem Mixer in die Fettphase einarbeiten und bei 20 Grad parfümieren.

Eigenschaften: Diese Creme wirkt belebend, kräftigend und hautklärend, ist also auch für die sogenannte „Mischhaut" (verschiedene Hautpartien trocken, andere fettig) bestens geeignet. Kurmäßig verwendet kann diese Creme den ursprünglichen Hautcharakter wieder herstellen. Morgens und abends nach der Körperreinigung dünn auftragen.

Honig-Mandelkleie-Lotion:

30 g Honig

20 g Trockenmilch

30 g Olivenöl

30 g Mandelkleie

150 g Rosenwasser

Herstellung: In das auf dem Wasserbad auf 50 Grad erwärmte Rosenwasser Honig, Trockenmilch, Olivenöl und Mandelkleie nacheinander portionsweise mit dem Mixer einrühren, bis die Masse erkaltet ist. In dunkle Apothekerflasche füllen und im Kühlschrank aufbewahren. Vor Gebrauch gut durchschütteln.

Eigenschaften: Die rückfettende Wirkung dieser Lotion zeigt sich besonders bei trockener und alternder Haut. Hautschuppen werden aufgeweicht, die Poren geöffnet, so daß die Wirkelemente gut in die Haut eindringen können. Reichlich auftragen, 30 Minuten einwirken lassen und dann mit warmem Wasser abspülen – egal wo Sie die Lotion auftragen.

Hamamelis-Lotion:

200 g Hamameliswasser

20 g Honig

30 g Avocadoöl

Herstellung: Alle Ingredienzien in eine dunkle Apothekerflasche füllen, durchschütteln und im Kühlschrank aufbewahren. Vor dem Gebrauch gut durchschütteln.

Eigenschaften: Diese Lotion hat eine zusammenziehende, entzündungshemmende Wirkung. Sie ist besonders für großporige, unreine Haut geeignet.

HAUT-REINIGUNG

So sehr die Hautreinigung ein Problem zu sein scheint, ist es jedoch relativ einfach, das zu erreichen bzw. durchzuführen. Viele Verbraucher sind durch ein Überangebot an solchen Produkten - vor allem chemischen – irritiert. Ob Seifen, Cremes, Lotionen, Öle, Tonika oder Adstringenzien, sie alle haben Nebenwirkungen. Sei es, daß der Säureschutzmantel angegriffen, die Haut spröde und rissig oder überfettet wird, ohne Schaden geht es nicht. Bevor Sie herausgefunden haben, was Ihrem Hauttyp wirklich entspricht, können leicht irreparable Hautschäden entstanden sein.

Nicht so bei naturbelassenen Kräutern und Pflanzen. Sie können zwar auch, wenn unsachgemäß damit umgegangen wird, Hautreizungen hervorrufen, aber irreparable Hautschäden entstehen dadurch nicht. Wie bereits im Kapitel „Natürliche Hautpflege" ausgeführt, ist das reine, klare Wasser das beste Hautreinigungsmittel. Dessen Wirkung können wir aber erheblich steigern, indem Kräuter- und Pflanzenabkochungen (Tees) hergestellt und mit dem Wasser verbunden werden. Das ist die einfachste, wirkungsvollste und billigste Art der natürlichen Hautreinigung.

Damit bietet sich aber auch die phantastische Möglichkeit an, auf viele Hautpflegemittel völlig verzichten zu können. In den ausgesuchten Pflanzen und Kräutern befinden sich nämlich viele Substanzen, aus denen die Haut selbst besteht bzw. die sie zu ihrer Ernährung braucht. Das ist beileibe kein Widerspruch zu den von mir dargestellten Rezepturen und Maßnahmen. Ganz im Gegenteil ergänzen sie sich auf natürliche Art und Weise. Wenn wir davon ausgehen, und das müssen wir, daß jeder Mensch seinen eigenen Hauttyp hat, ist es doch logisch, daß das, was für den einen notwendig ist, ein anderer nicht braucht. Das heißt, der eine kommt bei der Hautpflege mit einfacher Hautreinigung aus, während ein anderer dazu mehrere Maßnahmen anwenden muß.

Beginnen Sie also stets mit einfachen Anwendungen. Warten Sie die Reaktion Ihrer Haut ab und entscheiden erst dann weitere Schritte zur Hautpflege. Wohldosierte Behutsamkeit bei der Gesunderhaltung des größten Körperorgans „Haut" muß immer im Vordergrund stehen. Ein „Überpflegen" kann mitunter mehr Schaden anrichten als gar keine Pflege, seien Sie sich bitte dessen bewußt. Folgende Kräuter und Pflanzen dienen dem geschilderten Zweck:

Haut-Reinigung:

Löwenzahn

Birkenblätter

Schafgarbe

Efeublätter

Brennessel

Heublumen

Gänseblümchen

Sauerampfer

Eukalyptus

Lorbeer

Majoran

Herstellung, Anwendung und Wirkungsweise: Geben Sie eine Handvoll dieser getrockneten Kräuter oder Pflanzen in eine Tasse. Übergießen Sie sie mit kochendem Wasser und lassen sie 20 Minuten ziehen. Dann abseihen und auf jeweils 50 ml dieses Suds einen EL Obstessig einrühren. Nun tränken Sie einen Wattebausch mit dieser Flüssigkeit und reiben die Haut damit kräftig ab. Neben der natürlichen Reinigungswirkung kommt die Massagewirkung, also bessere Durchblutung, hinzu. Sie haben nun eine saubere, frische, gut durchblutete Haut. Machen Sie das im Wechsel mit der nachfolgend beschriebenen Hauternährung eine Woche lang täglich einmal vor dem Schlafengehen, dann zweimal wöchentlich. Wichtig ist jedoch, daß Sie jeweils einen neuen Aufguß herstellen.

Haut-Ernährung:

Johanniskraut

Anis

Oliven

Sonnenblumenkerne (zerkleinert)

Nelken

Kamille

Ringelblume

Arnika

Melisse

Pfefferminze

Lavendel

Herstellung, Anwendung und Wirkungsweise: Der Aufguß mit diesen Kräutern und Pflanzen geschieht, auch mengenmäßig, in der gleichen Weise wie zuvor, aber ohne Obstessig. Wenn notwendig, muß das Brühgut zerstoßen bzw. zerkleinert werden. Die Anwendung ist ebenfalls die gleiche wie zuvor. Die ergänzende Wirkung zur Hautreinigung ist, daß die Wirkelemente nunmehr in die gereinigten Poren eindringen können und die Haut mit wichtigen Nährstoffen versorgt.

HAUTÖLE

Mit den Hautölen verbindet sich der Zweck, die Haut vor allem mit Vitaminen, Spurenelementen sowie Mineralstoffen von außen zu versorgen, um so ein Austrocknen und Brüchigwerden der Haut zu verhindern. Das stimmt aber, auch wenn reine Pflanzenöle verwendet werden, nur zum Teil. Normalerweise sorgt der gesunde Körper selbst von innen heraus für eine gesunde Haut. Nimmt man aber industriell hergestellte Hautöle, kann das gefährlich sein. Diese Hautöle werden in der Hauptsache aus Mineralöl, also Erdöl, hergestellt. Solche Öle sind zwar billig, jedoch verbinden sie sich nicht mit dem natürlichen Hautfett. Sie kleben oberflächlich auf der Haut und verstopfen die Poren, verhindern also die lebensnotwendige Hautatmung. Das kann schwere Folgen für Haut und Kreislauf nach sich ziehen.

Mit den folgenden Rezepturen für Körperöle besteht diese Gefahr nicht, sie ziehen fast völlig in die Haut ein. Verwenden Sie sie aber immer sehr sparsam und reinigen Sie vorher Ihre Haut, wie zuvor ausgeführt.

Die Herstellung ist sehr einfach: Schütten Sie die entsprechenden Öle in eine dunkle Apothekerflasche, kräftig schütteln – fertig. Produzieren Sie, wie angegeben, nur kleine Mengen und stellen Sie das Öl in den Kühlschrank. Ob Sie das Öl leicht parfümieren, liegt bei Ihnen bzw. an der Verträglichkeit Ihrer Haut.

Mandel-Hautöl:

80 g süßes Mandelöl

20 g Avocadoöl

10 Tropfen Rosenöl

Eigenschaften: Dieses Hautöl ist für alle Hauttypen geeignet. Es macht die Haut weich und geschmeidig. Kann auch als Abschminköl verwendet werden.

Weizenkeim-Hautöl:

60 g Weizenkeimöl

20 g Sesamöl

10 g Distelöl

10 g Johanniskrautöl

10 Tropfen Thymianöl

Eigenschaften: Für die Hautklärung und Ernährung hat dieses Hautöl ein großes Wirkungsspektrum. Es sollte vorwiegend bei fettiger Haut verwendet werden.

Oliven-Hautöl:

70 g Olivenöl

20 g Traubenkernöl

10 g Erdnußöl

10 Tropfen Zitronenöl

Eigenschaften: Mit diesem Hautöl bekommt die trockene Haut alles, was sie zur „normalen" Haut werden läßt: Ernährung und Feuchtigkeit. Immer dünn auftragen und einmassieren. Eignet sich auch hervorragend als Pflegeöl nach dem Bad.

Sonnenschutzöl:

50 g Sesamöl

20 g Olivenöl

20 g Weizenkeimöl

10 g Johanniskrautöl

Keine Parfümierung

Eigenschaften: Die Wirkung dieses Sonnenschutzöls beruht auf dem hohen Lichtschutzfaktor im Sesamöl. Die anderen Öle haben zusätzliche hautpflegende Wirkung. Beim Schwimmen löst sich der Ölfilm nicht ab, das Wasser kann also die Haut nicht angreifen.

KÖRPERPUDER

Die Herstellung der Körperpuder ist ebenfalls sehr einfach. Alle Ingredienzien werden in einer Schüssel zusammengeschüttet, mit einem Schneebesen durchgemischt und anschließend durch ein Küchensieb gestrichen. Wenn parfümiert werden soll, nur tropfenweise unter ständigem Rühren, sonst verklumpt der Puder. Füllen Sie den fertigen Puder in eine Streu- oder Puderdose. Tragen Sie mit einer Puderquaste oder mit einem Wattebausch auf - niemals mit der Hand.

Für unreine Haut:

20 g Zinkoxyd

40 g Bolus alba (weiße Tonerde)

20 g Taicum

20 g Mandelkleie

3 Tropfen Mandelöl

Eigenschaften: Die Zusammensetzung dieses Körperpuders ist prädestiniert, unreine Hautstellen auszutrocknen. Sie schälen sich ab und es kann neue Haut entstehen. Kurmäßig verwendet wird die Haut neu „belebt".

Heilerde-Schwefelpuder:

40 g Luvos Heilerde

20 g Weizenkleie

5 g Bio-Schwefel

5 g Zinkoxyd

20 g Mandelkleie

10 g Bolus alba (weiße Tonerde)

3 Tropfen Pfefferminzöl

Eigenschaften: Zum Abheilen kranker Hautstellen ist Luvos Heilerde unverzichtbar. In der Kombination mit den anderen Substanzen gewährleistet dieser hervorragende Körperpuder gleichzeitig Hauternährung von außen, Hautpflege und bessere Regenerationsfähigkeit der Haut. Dieser Puder kann auch prophylaktisch (vorbeugend) verwendet werden. Auch hier ist eine kurmäßige Anwendung indiziert.

Puder gegen Körperschweiß:

20 g Zinkoxyd

30 g Mandelkleie

10 g Weizenstärke

20 g Bolus alba (weiße Tonerde)

10 g Kaolin (Porzellanerde)

5 g Borax

5 g Alaun

Eigenschaften: Dieser Körperpuder hat in seiner Verwendbarkeit kaum Grenzen. Zwar resorbiert er in erster Linie den Körperschweiß und verhindert damit unangenehmen Körpergeruch, jedoch wirkt er auch lindernd, heilungsfördernd, glättend und regenerativ bei allen die Haut betreffenden Anomalien. Bei Hautverbrennungen - auch bei Sonnenbrand - ist er eine großartige „Erste Hilfe". Verwendung je nach Bedarf und Notwendigkeit.

WANNEN BÄDER

Hier ist eine kurze Einleitung angebracht. Das Baden ist ein hohes kulturhistorisches Gut der Menschen. Mit dem Baden verband sich nicht nur der Wunsch nach Sauberkeit des äußeren Körpers, vielmehr ging es früher auch darum, Krankheiten, auch der Seele, aus dem Körper auszuschwemmen. Das Baden kam in der Antike einem Ritual gleich. Die dabei verwendeten starken Parfümöle vermochten sogar rituell notwendige Trancezustände zu erzeugen. Eine Wohltat ohnegleichen, ein Fest des Körpers und der Seele war mit jedem Bad verbunden. Noch heute hat das Bad in Japan, Finnland oder im Orient eine ähnliche Bedeutung. Und dort werden auch jetzt noch die traditionellen Bade-Methoden und -Substanzen bevorzugt. Die Badestuben selbst waren daher, wen wundert das, mit großem Luxus ausgestattet.

Was aber haben wir aus diesem köstlichen Körper und Seele beglückenden Badeerlebnis gemacht? Berge von chemischem Schaum, der unsere Haut krank macht, müssen uns umhüllen, um „Badefreude" vorzugaukeln. Chemiefarben lassen das Wasser in allen Regenbogenfarben schillern, als „Wohltat" für das Auge. Und künstliche Düfte kriechen in unsere Nasen, die sinnliche Reize auslösen sollen - profaner geht es kaum noch. Die Badezimmer selbst sind meist nicht größer als Abstellkammern, in denen oft noch die Waschmaschine steht. Es ist kein Wunder, daß sich darin niemand so recht wohlfühlen kann und man das Baden so schnell wie nur irgend möglich hinter sich bringen will. Das ist aber sehr schade.

Ich möchte Sie dazu bringen, meine verehrten Leser, das Baden wieder zu einem wahren Genuß werden zu lassen, daß Körper, Seele und Geist gereinigt und erfrischt werden - auch in der kleinsten Kammer, eben dort, wo eine Badewanne steht.

Sie brauchen keine Chemie dazu. Schöpfen Sie aus der Natur und Sie werden vielleicht das erste Mal in Ihrem Leben - auch ohne Schaum - echte Badefreuden erleben. Nach dem Bad reiben Sie Ihren Körper mit einem Körperöl ein (s. Rezepturen). Ihre gut durchblutete und gepflegte Haut ist dann die Vollendung Ihres Wohlbefindens. Übrigens sollte vorwiegend vor dem Zubettgehen gebadet werden, Ihre Schlafstörungen gehören dann der Vergangenheit an. Um auch gröberen Schmutz am Körper zu beseitigen, gebe ich Ihnen zuvor eine Rezeptur für die Selbstherstellung einer guten Honigseife. Waschen Sie sich aber vor dem eigentlichen Bad damit.

Honigseife:

1 Stück weiße Rasierseife

20 g Lanolinanhydrid

10 g Avocadoöl

10 g süßes Mandelöl

20 g Bienenhonig

20 g Rosenwasser

1 Tropfen Bittermandelöl

Herstellung: Seife schnitzeln und im Wasserbad schmelzen. Dann Lanolin, Avocadoöl und süßes Mandelöl einrühren und auf 70 Grad halten. Rosenwasser ebenfalls auf 70 Grad erwärmen, Honig einrühren und portionsweise mit dem Mixer in die Fettphase einarbeiten. Bei 30 Grad Bittermandelöl einrühren. Die cremeartige Masse nun auf einer gut eingefetteten Glas- oder Kunststoffplatte kompakt erstarren lassen. In Stücke schneiden und in schönes Seidenpapier einwickeln. Nach dem ersten Gelingen können die Rohstoffmengen verdoppelt bis verdreifacht werden, je nach Personenzahl.

Eigenschaften: Diese milde Honigseife genügt allen Ansprüchen zur Reinigung, Pflege und Ernährung der Haut. Bei sensibler Haut oder als Babyseife ist sie völlig reizlos. Bei aufgesprungenen oder rissigen Händen wirkt sie heilungsfördernd.

Einfaches Honigbad: In das heiße Badewasser 200 g Bienenhonig geben und auflösen. Baden Sie darin völlig entspannt 20 Minuten. Der Honig hinterläßt keinen klebrigen Film auf der Haut. Neben der schlaffördernden Wirkung wird die Haut besser durchblutet, daher ist es ratsam, vor dem Schlafengehen zu baden. Nicht nachölen!

Milchbad mit Honig: 1 1/2 bis 2 Liter Milch und 200 bis 250 g Honig in die mit heißem Wasser gefüllte Badewanne geben und kräftig verrühren. Vor dem Schlafengehen 20 Min. darin baden, dabei den Körper leicht massieren. Neben der nervenberuhigenden Wirkung wird Ihre Haut weich und zart (Babyhaut) und zeigt einen mattschimmernden Glanz. Nicht nachölen!

Buttermilchbad mit Honig: 2 bis 3 Liter Buttermilch und 250 bis 300 g Honig ins heiße Badewasser einrühren. Auch hier wird der Körper leicht massiert. Die Badedauer sollte 30 Min. nicht überschreiten. Aber wichtig: Vor dem Baden den ganzen Körper mit Olivenöl leicht einölen. Das Öl löst sich im Bad auf! Der Säureschutzmantel der Haut stabilisiert sich, Hautunreinheiten werden beseitigt. Das Bad kann zu jeder Zeit genommen werden. Nicht nachölen!

Kräuter-Honigbad: Je eine Handvoll (getrocknet) Lavendel, Kamille, Pfefferminze, Fenchel, Rosmarin und Löwenzahn mit 3 Litern Wasser aufbrühen (Tee) und eine Stunde abgedeckt ziehen lassen. Dann abseihen, den Rückstand mit der Hand auspressen und den Sud mit 200 g Bienenhonig vermischen. Nun in die trockene Badewanne geben und heißes Wasser unter ständigem Rühren einlaufen lassen. Die Badedauer sollte 30 Minuten nicht überschreiten. Die wohltuende Pflegewirkung dieses Bades zeigt sich besonders an der gut durchbluteten Haut und belebten Nervenreizen. Die Poren sind geöffnet, so daß die Wirkelemente der Kräuter und des Honigs in die unteren Hautschichten eindringen können. Sie fühlen sich rundum wohl. Gebadet werden sollte immer vor dem Schlafengehen, da Sie schnell müde werden. Kann mit Olivenöl (s. Rezeptur) leicht nachgeölt werden.

Meersalz-Algenbad: 400 g Meersalz, 100 g Algenextrakt und 50 g Distelöl in die trockene Badewanne geben. Dann mit heißem Wasser auffüllen, wobei sich die Zutaten auflösen. Das Wasser bekommt eine natürliche, tief blaue Farbe. Die Stoffwechselanregende, durchblutungsfördernde, hautregenerierende und gewichtsregulierende Wirkung dieses Bades ist ausgezeichnet. Gebadet werden sollte nur am Abend. Nach dem Bad unbedingt Olivenöl (s. Rezeptur) dünn auftragen.

Senfbad: 200 g Senfsamenpulver und 100 g Olivenöl in die trockene Badewanne geben und heißes Wasser einlaufen lassen. Senfpulver und Olivenöl lösen sich völlig auf. Dieses Bad ist stark durchblutungsfördernd und schweißtreibend. Damit hat es eine vorbeugend erkältungshemmende Wirkung. Gleichzeitig wird die Haut gereinigt und die Poren öffnen sich. Wegen der anschließenden Schweißbildung nur unmittelbar vor dem Schlafengehen baden. Keine Nachölung.

Reines Kräuterbad: 100 g Kamille, 50 g Lindenblüten, 50 g Lavendelblüten, 50 g Birkenblätter, 50 g Rosenblätter und 50 g Fenchel (alles getrocknet) in ein Leinensäckchen geben und 10 Minuten in die mit heißem Wasser gefüllte Badewanne hängen. Es ist allgemein wohltuend, darin zu baden. Die Haut, der Kreislauf, die Durchblutung, alles bessert sich. Gebadet werden kann nach Belieben. Das Kräutersäckchen sollte in einem verschließbaren Behälter aufbewahrt werden, Sie können es nochmals benutzen. Nach dem Bad den Körper leicht mit Avocadoöl einmassieren.

Reines Ölbad: 30 g Melissenöl, 50 g Weizenkeimöl, 20 g Klettenwurzelöl und 10 g Glycerin in eine dunkle Apothekerflasche füllen und gut durchschütteln. Geben Sie in das gefüllte Bad einen EL dieses Öls und mischen Sie gut durch. Der leichte und angenehme Zitronenduft wirkt beruhigend. Die Wirkung ist krampflösend, so daß Kopf- und Nervenschmerzen positiv beeinflußt werden. Gebadet werden sollte ca. 30 Minuten vor dem Schlafengehen. Ein Nachölen ist nicht nötig, auf der Haut verbleibt ein leichter Fettfilm.

Und nun viel Spaß, Freude und Erholung bei einer neu- oder wiederentdeckten Badekultur, von der Sie begeistert sein werden. Machen Sie ausgiebig Gebrauch davon: Körper, Seele und Geist befreien sich von der „Schlacke" des Alltags, Ihr Leben wird natürlicher, freier, zufriedener und glücklicher sein.

REZEPTUREN FÜR NATÜRLICHE HAARPFLEGE

Ginge es nach den Anpreisungen geschickter Geschäftemacher, gäbe es gar keine Haarprobleme. Aber die Wirklichkeit beweist die Unrichtigkeit werbeträchtiger Aussagen. Viele von Ihnen, meine verehrten Leser, werden da eigene enttäuschende Erfahrungen gemacht haben. Anderes konnte ja auch nicht erwartet werden, man schreitet von Hoffnung zu Hoffnung und resigniert schließlich.

Sie haben in diesem Buch erfahren, warum die Natur nicht manipuliert werden kann, am allerwenigsten durch körperfremde Substanzen. Sie konnten aber auch feststellen, daß Haarschäden häufig die Zwangsfolge naturwidriger Prozesse und Verhaltensweisen sind. Also ändern wir das. Lassen Sie sich nicht davon abbringen, in einer zunehmend menschenfeindlicher werdenden Welt der Natur wieder den Vorzug zu geben. Erteilen Sie allen Versprechungen eine Absage, die Ihnen mit immer neuen Chemiepräparaten Wirkungsweisen vorgaukeln, die theoretisch möglich sein sollen, jedoch praktisch nicht möglich sind.

Gerade im Bereich der diffizilen Haarpflege kommt es sehr darauf an, naturbedingte Mangelzustände mit den der Natur adäquaten Mitteln zu beseitigen. Das gilt genauso für die „Verschönerung" der Haarpracht. Welche Erfolge Sie schließlich mit den selbsthergestellten Naturpräparaten erzielen werden, hängt einerseits von der Sorgfalt ab, mit der Sie sie produzieren und andererseits von der Stetigkeit bei der Anwendung. Und erwarten Sie bitte nicht, daß nach jahrelangen Versäumnissen und Haarschädigungen, gewissermaßen „über Nacht" sichtbare Erfolge eintreten müssen - was dennoch möglich ist. Allein das Bewußtsein, daß die Natur, richtig angewendet, niemals weiteren Schaden anrichten, sondern nur nützen kann, schafft bereits die Grundlage auch späterer, sichtbarer Erfolge. Begreifen Sie die nachfolgenden Rezepturen unter diesem Aspekt und der Erfolg ist Ihnen sicher.

HAAR-SHAMPOOS

Haar-Shampoo (allgemein)

70 g Silberseife (Schmierseife)

15 g Pottasche

10 g Honig

50 g Brennesseltinktur

10 g Lavendelöl

1 Liter destilliertes Wasser

Herstellung: In einem hohen Topf (ca. 3 l Inhalt) das Wasser zum Kochen bringen und die Silberseife darin auflösen. Dann unter ständigem Rühren Pottasche einstreuen und 30 Min. köcheln lassen. Vom Herd nehmen, abkühlen lassen und nacheinander Honig, Brennesseltinktur und Lavendelöl einrühren. In eine Flasche füllen und im Kühlschrank aufbewahren. Vor dem Gebrauch gut durchschütteln.

Anwendung: Dieses ergiebige Haar-Shampoo eignet sich praktisch für alle Haartypen. Auf das angefeuchtete Haar geben und mit kreisenden Bewegungen 3 Min. waschen. Anschließend mit warmem Wasser gut spülen, dann mit verdünntem Obstessig (1:1) solange nachspülen, bis das Haar geklärt ist. Diese saure Nachspülung ist sehr wichtig. Sie entfernt sämtliche Rückstände aus dem Haar und von der Kopfhaut, stellt den natürlichen Säuremantel wieder her und gibt dem Haar einen seidigen Glanz. Das Haar ist anschließend gut frisierbar.

Haar-Shampoo für blondes Haar:

Schalen von 2 ungespritzten Zitronen

70 g Silberseife (Schmierseife)

15 g Pottasche

10 g Honig

50 g Alkohol (70%ig)

20 g Zitronenöl

1 Liter destilliertes Wasser

Herstellung: In einem hohen Topf (ca. 3 l Inhalt) das destillierte Wasser zum Kochen bringen. 1/4 l des kochenden Wassers über die zerkleinerten Zitronenschalen gießen und in einem Porzellangefäß abgedeckt 30 Min. ziehen lassen und abseihen. Während dieser Zeit in dem restlichen Wasser die Silberseife auflösen, dann Pottasche unter ständigem Rühren einstreuen und 30 Min. köcheln lassen. Vom Herd nehmen und abkühlen lassen. Anschließend das im Alkohol gelöste Zitronenöl, den Schalensud und den Honig nacheinander einrühren. In eine Flasche füllen und im Kühlschrank aufbewahren. Vor dem Gebrauch gut durchschütteln.

Anwendung: Machen Sie mit diesem herrlich duftenden Shampoo zunächst eine kurze Vorwäsche. Bei der Hauptwäsche lassen Sie das Shampoo etwa 3 Min. einwirken, bevor Sie das Haar mit kreisenden Bewegungen gut waschen. Anschließend mit warmem Wasser ausgiebig spülen. Auch hier ist eine Nachspülung unbedingt notwendig: Dazu nehmen Sie den Saft einer Zitrone und fügen den gleichen Anteil Wasser hinzu. Danach nochmals mit klarem lauwarmem Wasser spülen. Die gute Wirkung dieses Shampoos wird Sie angenehm überraschen. Ihre Haare leuchten in einem hellen, seidigen Glanz und die Kopfhaut ist „frisch wie der junge Tag".

Haar-Shampoo für braunrotes Haar:

20 g Hennapulver (rotfärbend)

70 g Silberseife (Schmierseife)

15 g Pottasche

50 g Kamillentinktur

1 Liter destilliertes Wasser

Herstellung: Zunächst lassen Sie das Hennapulver in 1/4 Liter des destillierten Wassers 15 Min. köcheln (in einer feuerfesten Porzellanschüssel) und seihen die rote Flüssigkeit durch ein Küchentuch ab und lassen sie stehen. Den Rest des destillierten Wassers in einen hohen Topf (ca. 3 l Inhalt) geben, zum Kochen bringen und die Silberseife darin auflösen. Dann unter ständigem Rühren Pottasche einstreuen und 30 Min. köcheln lassen. Vom Herd nehmen, abkühlen lassen und nacheinander Hennasud und Kamillentinktur einrühren. In eine Flasche geben und im Kühlschrank aufbewahren. Vor dem Gebrauch gut durchschütteln.

Anwendung: Dieses Haar-Shampoo ist kein Ersatz für natürliche Haarfärbung. Es soll die natürliche Haarfarbe besser herausstellen bzw. auffrischen. Lassen Sie das Shampoo daher auf das angefeuchtete Haar 5 Min. einwirken, bevor Sie mit dem Waschen beginnen. Anschließend ebenfalls gut ausspülen und zur Wiederherstellung des Säureschutzmantels der Kopfhaut eine saure Nachspülung (1:1 Obstessig und Wasser) machen. Das Haar bekommt eine leuchtende, naturbedingte Farbe, ist weich und gut frisierbar.

Haar-Shampoo für dunkles bis schwarzes Haar:

10 g schwarzer Tee

70 g Silberseife (Schmierseife)

15 g Pottasche

50 g Alkohol (70%ig)

20 g Rosmarinöl

1 l destilliertes Wasser

Herstellung: In einem hohen Topf (ca. 3 l Inhalt) das destillierte Wasser zum Kochen bringen. Mit 1/4 l des kochendem Wasser den schwarzen Tee aufbrühen (Porzellangefäß), abgedeckt 30 Min. ziehen lassen und dann abseihen. Während dieser Zeit in dem restlichen Wasser die Silberseife auflösen, dann Pottasche unter ständigem Rühren einstreuen und 30 Min. köcheln lassen. Vom Herd nehmen und abkühlen lassen. Anschließend das im Alkohol gelöste Rosmarinöl und den Teesud nacheinander einrühren. In eine Flasche füllen und im Kühlschrank aufbewahren. Vor dem Gebrauch gut durchschütteln.

Anwendung: Je nach der natürlichen Grundfarbe, Struktur, Länge und Dichte der Haare lassen Sie das Shampoo zwischen 3 und 10 Minuten auf das angefeuchtete Haar einwirken, bevor Sie es waschen. Anschließend mit klarem warmem Wasser solange spülen, bis das Haar geklärt ist. Zur restlosen Beseitigung von Rückständen sowie Wiederherstellung des Säureschutzmantels der Kopfhaut mit einer sauren Lösung (1:1 Obstessig und Wasser) sorgfältig nachspülen. Der Effekt ist verblüffend: Ihr Haar leuchtet in seiner natürlichen Farbe, hat mehr Volumen, ist seidenweich und gut frisierbar.

Nun möchte ich noch eine Variante aufzeigen, die es Ihnen ermöglicht, aus jeder der aufgeführten Shampoo-Rezepturen ein Kur-Shampoo zu machen. Das ist leicht zu bewerkstelligen, indem die nachfolgend aufgeführten Ingredienzien einfach mit dem fertigen

Shampoo vermischt werden. Alles andere bleibt wie in der jeweiligen Anwendung angegeben. Die Reinigungs- und Pflegewirkung der Shampoos ändert sich dadurch nicht. Probieren Sie das einmal aus, das Ergebnis wird Sie angenehm überraschen. Vermischen Sie das Shampoo Ihrer Wahl aber nur in der für den Waschvorgang benötigten Menge, also von Fall zu Fall.

Bei Schuppen: Eine Portion Shampoo mit einem starken Aufguß aus Birkenrinde und Brennessel vermischen. 5 bis 10 Min. einwirken lassen, dann waschen.

Bei sprödem und trockenem Haar: Eine Portion Shampoo mit etwas Honig und Kamillensud vermischen. 5 bis 10 Min. einwirken lassen, dann waschen. Eine Alternative: Eine Portion Shampoo mit einem Eigelb und etwas Alkohol vermischen und 15 Min. einwirken lassen, dann waschen.

Bei Haarausfall: Eine Portion Shampoo mit etwas Brennesselsud und Klettenwurzelöl vermischen. 15 Min. einwirken lassen, dann waschen.

Bei fettigem Haar: Eine Portion Shampoo mit etwas Bier und Birkensud vermischen. 5 bis 10 Min. einwirken lassen, dann waschen.

Bei fettiger Kopfhaut: Eine Portion Shampoo mit etwas Pfefferminzsud und Zitronensaft vermischen. Bei leichter Massage 15 Min. einwirken lassen, dann waschen.

Bei trockener Kopfhaut: Wie bei sprödem und trockenem Haar, jedoch bei leichter Massage 15 Min. einwirken lassen, dann waschen.

HAAR-FESTIGER

Haarfestiger haben den Zweck, das Haar nach dem Waschen und Spülen frisierbarer zu machen bzw. das lockere Haar zu festigen, um es gegen Umwelteinflüsse zu schützen. Nun sind meine Shampoo-Rezepturen so ausgelegt, daß sich in den meisten Fällen ein zusätzlicher Haarfestiger wohl erübrigen wird. Trotzdem gebe ich Ihnen einige Rezepturen für natürliche Haarfestiger, die auch pflegende Wirkung haben. Es könnte ja sein, daß Sie für den Moment nur einen pflegenden Haarfestiger brauchen. Die folgenden Rezepturen können außerdem als reine Farbspüler verwendet werden. In dem Falle wird die jeweilige Flüssigkeit völlig auf das Haar auf getragen und mit den Händen leicht massierend verteilt. Nach 3 bis 5 Min. mit lauwarmem Wasser solange spülen, bis das Haar geklärt ist.

Haarfestiger allgemein:

10 g Bienenhonig

200 g Brennesselsud (warm)

ein Spritzer Obstessig

Herstellung und Anwendung: Der Bienenhonig wird im warmen Brennesselsud aufgelöst. Zum Schluß Obstessig einrühren. Die Flüssigkeit wird satt auf das Haar auf getragen und leicht in die Kopfhaut einmassiert. Anschließend das Haar leicht frottieren, fertig. Das Haar wird fest, bekommt einen seidigen Glanz und ist gut frisierbar.

Haarfestiger für blondes Haar:

15 g Bienenhonig

250 g Kamillensud

ein Spritzer Zitronensaft

Herstellung und Anwendung: Der Bienenhonig wird im warmen Kamillensud aufgelöst. Zum Schluß Zitronensaft einrühren. Die Flüssigkeit wird satt auf das Haar aufgetragen. 10 Min. einwirken lassen und dann leicht in die Kopfhaut einmassieren. Anschließend das Haar leicht frottieren, fertig. Das Haar bekommt einen leuchtenden Glanz, läßt sich gut frisieren und wird „wetterfest". Die Kamille sorgt für gutes Abheilen bei Kopfhautschäden und beseitigt evtl. vorhandene Schuppen.

Haarfestiger für rotes Haar:

20 g Hennapulver (rot)

200 g Wasser

10 g Bienenhonig

ein Spritzer Obstessig

Herstellung und Anwendung: Vermischen Sie das Hennapulver mit dem Wasser und lassen es kurz aufkochen, dann 15 Min. bei gelegentlichem Rühren köcheln lassen. Im warmen Zustand abseihen und Bienenhonig und Obstessig einrühren. Die Flüssigkeit wird satt auf das Haar aufgetragen. 10 bis 15 Min. einwirken lassen und leicht frottieren, fertig. Das Haar leuchtet in einem satten Rot, ist geschmeidig und gut frisierbar.

Haarfestiger für dunkles Haar:

10 g schwarzer Tee

200 g Wasser

10 g Bienenhonig

ein Spritzer Zitronensaft

Herstellung und Anwendung: Überbrühen Sie den schwarzen Tee mit dem kochenden Wasser und lassen 30 Min. abgedeckt ziehen. Dann abseihen und Honig und Zitronensaft einrühren. Die Flüssigkeit wird ebenfalls satt auf das Haar auf getragen. 15 Min. einwirken lassen und trocken frottieren, fertig. Das Haar bekommt einen schönen, dunkelseidigen Glanz und läßt sich gut frisieren.

HAAR-FÄRBUNG

Das Haare färben hat ja, wie wir bereits festgestellt haben, eine bis in die Antike zurückgehende Tradition und hat zu allen Zeiten einem schönen Zweck gedient: Der Natur mit Mitteln aus der Natur ein wenig korrigierend nachzuhelfen - und daran war und ist nichts Verwerfliches, geschweige denn den Menschen Schädigendes. Erst die moderne Chemie hat uns vorgegaukelt, daß ungezählte Farbnuancen in der Haarfärbung notwendig seien, einem modernen Schönheitsideal zu entsprechen. Die Folge davon ist, daß man heutzutage belustigt den Menschen nachschaut, die mitunter bunt wie ein Papagei durch die Gegend stolzieren und sich sehr emanzipiert vorkommen.

Was aber kaum jemand weiß oder berücksichtigt ist die Tatsache, daß Chemiefarben in das Haarkeratin eindringen und den Haarkörper schädigen. Damit verändert sich zwangsläufig die Haarstruktur und jedwede Art von Haar- und Kopfhauterkrankungen sind möglich. Aber es können auch als Spätfolge verwendeter Chemiefarben ganz erhebliche Stoffwechselerkrankungen eintreten, die dann niemand mehr darauf zurückführt. Es gibt eben keine ungiftigen chemischen Haarfarben - und es wird sie auch niemals geben. Manche Experten sind sogar der Meinung, daß chemische Haarfarben, ausgehend von der Schädlichkeit, in der Skala der gebräuchlichen Kosmetika an erster Stelle stehen.

Ganz anders ist es bei natürlichen Haarfarben: Sie dringen nicht in das Haarinnere ein, sie lagern sich an dem äußeren Haarmantel ab und die Farbmoleküle klammern sich gewissermaßen dort fest. Darauf beruht die Effizienz natürlicher Haarfärbungen. Ist der Farbgrundstoff adäquat der natürlichen Haarfarbe gewählt, erzielen Sie herrliche Farbeffekte. Es ist also nicht möglich - und sollte es auch nicht sein - die natürliche Haarfarbe grundsätzlich zu verändern. Aufhellen bzw. Nachdunkeln der ursprünglichen Haarfarbe ist jedoch gewährleistet. Unter dieser Prämisse stellen Sie sich nun den nachfolgenden Rezepturen entsprechend Ihre individuelle Haarfarbe her. Beachten Sie aber bitte immer die angegebenen Einwirkzeiten: Weniger Zeit bedeutet immer weniger Farbwirkung und mehr Zeit auch mehr Farbwirkung. Und achten Sie auch darauf, daß benetzte Hautpartien sofort abgewischt werden, sonst wird die Haut mitgefärbt. Die beste Farbwirkung erzielen Sie, wenn das Haar vorher gut gewaschen wird und leicht feucht ist.

Natürliche Haarfarben sind:

Henna (dunkelrot oder neutral)

Kamille (blond)

Rhabarberwurzel (hellblond)

Zwiebelschalen (mittelbraun)

Nußbaumblätter (dunkelblond)

Walnußschalen (braun)

Schwarzer Tee (schwarz)

Sandelholz (rot bis braun)

Zitronensaft und Schalen (blond und aufhellen)

Es gibt natürlich noch mehr Kräuter, Gewächse oder Mineralien, aus denen natürliche Haarfarben gewonnen werden können. Sie sind aber zum Teil sehr schwer zu beschaffen oder aber in der Aufbereitung zu kompliziert. Begnügen wir uns mit den aufgeführten Substanzen, sie haben sich bestens bewährt, sind leicht zu beschaffen und problemlos zu verarbeiten. Trotzdem steht Ihnen damit die ganze Skala natürlicher Haarfarben zur Verfügung und mit einiger Übung werden Sie durch Mischung verschiedener Substanzen tolle Farbnuancen „hervorzaubern". Noch ein wichtiger Hinweis: Wenn Sie die Farbwirkung vor der Einfärbung des ganzen Haares überprüfen wollen, empfiehlt es sich, zunächst nur eine Haarsträhne einzufärben.

Blondfärbung:

3 Handvoll Kamillenblüten
2 Handvoll Rhabarberwurzeln
1 EL Olivenöl

Herstellung und Anwendung: Kamillenblüten in ein Porzellangefäß geben, überbrühen und abgedeckt 30 Min. ziehen lassen. Dann abseihen und in einer Porzellanschüssel mit den pulverisierten Rhabarberwurzeln verrühren. Heißes Wasser und Olivenöl hinzugeben, bis ein streichfähiger Brei entstanden ist. Mit einem breiten Pinsel sorgfältig auftragen und 20 bis 40 Min. einwirken lassen, wobei das Haar mit einer Alufolie abgedeckt wird. Anschließend das Haar mit Shampoo waschen und mit einer sauren Lösung klar spülen. Wirkung: Je nach Einwirkzeit und natürlicher Grundfarbe des Haares erzielen Sie eine helle bis kräftige Blondfärbung. Das Haar „leuchtet" regelrecht und erinnert an „gesponnenes Gold". Um diesen Effekt zu erhalten, sollten Sie die Färbung alle 4 Wochen (bedingt durch Nachwachsen der Haare) wiederholen.

Hellblondfärbung:

3 Handvoll Rhabarberwurzeln
2 Handvoll Nußbaumblätter
1 EL Olivenöl

Herstellung und Anwendung: Die pulverisierten Rhabarberwurzeln und Nußbaumblätter in einer Porzellanschüssel mit kochendem Wasser unter ständigem Rühren solange übergießen, bis ein streichfähiger Brei entstanden ist. Das Olivenöl wird zum Schluß eingerührt. Mit einem breiten Pinsel satt auftragen, das Haar mit einer Alufolie abdecken und 30 bis 50 Min. einwirken lassen. Anschließend das Haar mit Shampoo waschen und mit einer sauren Lösung klarspülen. Wirkung: Je nach Einwirkzeit und natürlicher Grundfarbe des Haares erzielen Sie eine hellblonde bis weißblonde Färbung. Das Haar hat einen seidigen Glanz, wirkt füllig und reflektiert das auf ihm fallende Licht. Eine „vornehme" Färbung ist das. Wiederholen Sie die Färbung in Abständen von 3-5 Wochen.

Blond aufhellen:

1 ungespritzte Zitrone

1 TL Obstessig

Herstellung und Anwendung: Zitrone entsaften (ohne Kerne), Schale zerkleinern und in einer Tasse mit kochendem Wasser überbrühen und 30 Min. abgedeckt ziehen lassen. Abseihen, dann Obstessig einrühren. Nun das frisch gewaschene Haar mit dieser Lösung satt tränken, 10 bis 15 Min. einwirken lassen und mit warmem Wasser klarspülen. Wirkung: Jedes Blondhaar wirkt nach der Anwendung um einen Ton heller und hat einen perlmuttartigen, seidigen Glanz. Außerdem sorgen die Inhaltsstoffe von Zitrone und Obstessig bei geschädigtem Haar für eine bessere Haarstruktur. Der Vorgang kann wöchentlich wiederholt werden.

Braunfärbung:

1/2 Tasse Henna (neutral)

1 Tasse Walnußschalen

1 TL Obstessig

1 EL Olivenöl

Herstellung und Anwendung: Henna und pulverisierte Walnußschalen in einer Porzellanschüssel mit kochendem Wasser übergießen und zu einem streichfähigen Brei verrühren. Dazwischen Obstessig und Olivenöl beigeben. Mit einem breiten Pinsel die Masse voll auftragen, die Haare mit einer Alufolie abdecken und 20 bis 30 Min. einwirken lassen. Anschließend das Haar mit Shampoo waschen und einer sauren Lösung klarspülen. Wirkung: Bei naturbraunem Haar erzielen Sie einen satten, leuchtenden Braunton. Ist das Naturhaar rötlichbraun, tendiert die Färbung mehr zum Rötlichen, während bei einem braun-dunklen Naturhaar ein heller Farbschimmer eintritt. Die Färbung kann alle 4 Wochen wiederholt werden.

Mittelbraunfärbung:

3 Handvoll Zwiebelschalen (gemahlen)

2 Handvoll Sandelholz (braun)

1 EL Olivenöl

Herstellung und Anwendung: Zwiebelschalen und Sandelholz in einer Porzellanschale portionsweise mit heißem Wasser übergießen und verrühren, bis ein streichfähiger Brei entstanden ist. Zum Schluß Olivenöl einrühren. Mit einem breiten Pinsel sorgfältig auftragen, das Haar mit einer Alufolie abdecken und 20 bis 30 Min. einwirken lassen. Anschließend das Haar mit Shampoo waschen und einer sauren Lösung klar spülen. Wirkung: Jedes Braunhaar wird durch diese Färbung einen sympathischen Rotschimmer bekommen, der lichtreflektierend wirkt. Tendiert das Naturhaar zum Braun-Blonden, kann ein kastanienbrauner Effekt erzielt werden. Die Färbung kann alle 3-5 Wochen wiederholt werden.

Rotfärbung:

1 Tasse Henna (rot)

1 EL Olivenöl

Herstellung und Anwendung: Henna und Olivenöl in einer Porzellanschüssel portionsweise mit heißem Wasser übergießen und zu einem streichfähigen Brei verrühren. Mit einem breiten Pinsel die Masse völlig auftragen, das Haar mit einer Alufolie abdecken und 30 bis 60 Min. einwirken lassen. Anschließend das Haar mit Shampoo waschen und einer sauren Lösung klarspülen. Wirkung: Je nach Einwirkzeit und natürlicher Grundfarbe der Haare erzielen Sie eine satte, leuchtende Rotfärbung bis hin zu einem reflektierenden Hellrot. Hier sollte vorher ein wenig probiert werden! Die Färbung sollte dann wiederholt werden, wenn das nachwachsende Haar die Farbe unwirksam werden läßt.

Schwarzfärbung:

3 EL schwarzer Tee

1/2 Tasse Henna (schwarz o. dunkel)

1 EL Olivenöl

1 TL Obstessig

Herstellung und Anwendung: Schwarzen Tee in ein Porzellangefäß geben, überbrühen und abgedeckt 30 Min. ziehen lassen. Dann abseihen und den Sud in einer Porzellanschüssel mit Henna, Olivenöl und Obstessig homogen verrühren. Daraus unter portionsweiser Hinzugabe von heißem Wasser einen streichfähigen Brei machen. Mit einem breiten Pinsel die Masse sorgfältig auftragen und das Haar mit einer Alufolie abdecken. Die Einwirkzeit liegt zwischen 30 und 50 Min. Anschließend das Haar mit Shampoo waschen und einer sauren Lösung klarspülen. Wirkung: Die Schwarzfärbung gelingt immer gut und bringt einen satten Dunkel- bis Schwarzton. Nur mit dieser Färbung ist es möglich, wesentlich helleres Haar zu Dunkeln. Dabei gilt, daß blondes Haar einen rötlich-braunen Schimmer erhält und braunes Haar schwarz-braun wird. Es sind tolle Effekte, die durch Probieren erzielt werden können. Allerdings muß die Prozedur mindestens einmal im Monat wiederholt werden.

HAAR-REGENERATION

Bevor ich Ihnen hier Rezepturen anbiete, sollten Sie nochmals alle Kapitel dieses Buches rekapitulieren, die sich mit dieser Problematik befassen - es ist sehr wichtig! Gehen Sie aber ruhig davon aus, meine verehrten Leser, daß, wenn es eine Möglichkeit gibt, Ihre persönlichen Haarprobleme zu lösen, Sie mit meinen Rezepturen mehr als nur eine Chance dazu haben. Ich werde Sie auch nicht mit einer Vielzahl von Rezepturen verwirren. Das was ich Ihnen empfehle, deckt die Skala herkömmlicher Haarschäden völlig ab.

Dieses Thema hat mich viele Jahre beschäftigt. Ich habe alle erdenklichen Recherchen, Produktanalysen und „Erfolgsmeldungen" vorgenommen bzw. überprüft, wenn sogenannte „Wundermittel" angepriesen wurden. Das Ergebnis war stets, den Werbeaussagen folgend, negativ. Anderes konnte auch nicht erwartet werden. Meine Feststellungen können so zusammengefaßt werden: Je mehr Geld für ein Produkt verlangt wurde, um so fraglicher war die angepriesene Wirkung. Und je höher der Preis war, um so schneller verschwand das Produkt wieder vom Markt. Manche wollten sogar auf einer androgenetisch bedingten Glatze wieder Haare sprießen lassen, welch ein Unfug! Trotzdem wurde das Produkt massenweise gekauft. Denn eine auf „seriös" getrimmte Werbekampagne verstand es unter Bezugnahme auf angeblich nachweisbaren Erfolgen bei völliger Glatze bei den Haargeschädigten neue Hoffnung zu wecken. Und eine auf „Sensation" bedachte Boulevardpresse leistete kostenlose Werbeunterstützung, indem über die angeblichen Erfolge kritiklos berichtet wurde. Und schließlich durch die Tatsache, daß die Menschen heutzutage mannigfaltige Hilfen brauchen, danach suchen und auf diese Weise immer wieder zu düpieren sind...

Wenn Sie wie vorgeschlagen die relevanten Kapitel dieses Buches rekapituliert haben, werden Sie wissen, was möglich und was Utopie ist. Die sich daraus ergebende realistische Einstellung wird Sie künftig vor Schaden und Enttäuschungen bewahren, zumindest was „Haarwuchsmittel" anbelangt. Alle in den folgenden Rezepturen aufgeführten Ingredienzien sind austauschbar bzw. vereinbar. Aufgrund der Individualität eines jeden Menschen kann keine Rezeptur an sich für ein bestimmtes Haarleiden stehen. Es gilt deshalb, probieren, probieren, probieren! Die genaue analytische Beobachtung Ihres Haarbildes und der Kopfhaut, evtl. mit einer Lupe, ist Voraussetzung für die Feststellung einer Veränderung der Haarstruktur. Machen Sie ein fortlaufendes Protokoll über alle Beobachtungen, erst dann summieren sich Kleinigkeiten zu einem positiven Ergebnis. Und ein positives Ergebnis kann bereits durch kontinuierliches Einreiben mit einem einfachen natürlichen Haartonikum erzielt werden. Wie gesagt: probieren, probieren, probieren ... Schaden kann Ihnen von alledem nichts! Aber äußerste Sorgfalt und Hygiene bei der Herstellung der Produkte sind absolut notwendig! Außerdem, Ihr Geldbeutel wird kaum belastet, denn viele der benötigten Rohstoffe wachsen in freier Natur, Sie brauchen sie nur zu sammeln.

Birken-Haartonikum:

50 g Birkenblätter (getrocknet)

50 g Birkenrinde (getrocknet)

1 Liter destilliertes Wasser

200 g Alkohol 70%ig

Herstellung und Anwendung: Birkenblätter und Birkenrinde zerkleinern, in einen hohen Emailletopf geben (ca. 3 l Inhalt), das destillierte Wasser darüber gießen und 30 Min. köcheln lassen. Nach dem Erkalten abseihen und filtern. Den Sud mit dem Alkohol vermischen, fertig. Je nach Schwere des Haarschadens 1 bis 3 mal täglich einige Tropfen, bei trockenem Haar, in die Kopfhaut einmassieren. Füllen Sie das Tonikum in eine dunkle Flasche und bewahren es an einem kühlen dunklen Ort auf. Wirkung: Leichte Haarschäden, Schuppen, Haarausfall, Kopfhautjucken bilden sich zurück. In vielen Fällen genügt eine kurmäßige Anwendung dieses Tonikums, echte Haarprobleme zu beseitigen. Sollte die Kopfhaut allergisch auf Alkohol reagieren, kann dieser weggelassen werden.

Birken-Kamille-Brennnessel-Tonikum

50 g Birkenblätter (getrocknet)

30 g Kamille (getrocknet)

70 g Brennessel (getrocknet)

2 l destilliertes Wasser

200 g Alkohol 90%ig

Herstellung und Anwendung: Birkenblätter, Kamille und Brennessel zerkleinern, in einen trockenen Emailletopf geben (ca. 3 l Inhalt) und mit dem kochenden destillierten Wasser übergießen. Abgedeckt eine Stunde ziehen lassen, dann abseihen und filtern. Den Sud mit dem Alkohol vermischen, fertig. Die Anwendung geschieht auch hier entsprechend dem Grad der Haarschädigung, nämlich 1 bis 3 mal täglich wenige Tropfen in die trockene Kopfhaut einmassieren. Füllen Sie das Tonikum in dunkle Flaschen und bewahren sie an einem dunklen trockenen Ort auf. Wirkung: Dieses Tonikum eignet sich hervorragend als Prophylaktikum (zur Vorbeugung) wie auch zur allmählichen Beseitigung Stoffwechselbedingter Haar- und Haarbodenschäden. Die Kamille wirkt dabei entzündungshemmend, was häufig die Voraussetzung zur Beseitigung „erworbener" Haarschäden ist. Eine kurmäßige Anwendung ist absolut notwendig. Sollten das Haar und der Haarboden extrem trocken sein, muß auf den Alkoholanteil verzichtet werden. Statt dessen werden in der Rezeptur dann 100 g Klettenwurzelöl eingearbeitet.

Haar-Konzentrat:

20 g Birkenblätter
20 g Birkenrinde
25 g Brennessel
20 g Löwenzahn
20 g Pfefferminze
20 g Kamille
15 g Lavendelblüten
10 g Kümmel
10 g Anis
10 g Nelken
30 g Süßholz
3 l destilliertes Wasser
300 g Alkohol 70%ig
20 g Kräuterparfümöl (muß nicht sein!)

Herstellung und Anwendung: Zunächst müssen alle Rohstoffe getrocknet sein und grob gemahlen. Geben Sie in einen ca. 3 l fassenden Emailletopf Birkenblätter, Birkenrinde, Brennessel, Löwenzahn, Pfefferminze und Kamille hinein und schütten 2 l destilliertes Wasser darüber. Dann auf dem Ofen erwärmen, bis es aufwallt. Den Topf nun vom Ofen nehmen und abgedeckt 12 Stunden ziehen lassen. Anschließend abseihen und filtern, wobei das Brühgut mit der Hand ausgepreßt wird. Gleichzeitig mit diesem Vorgang nehmen Sie einen weiteren Emailletopf mit ca. 2 l Inhalt und geben Lavendelblüten, Kümmel, Anis, Nelken und Süßholz hinein. Dann den Rest destilliertes Wasser darüber schütten, auf dem Ofen kurz aufkochen lassen und abgedeckt 8 Stunden ziehen lassen. Anschließend abseihen und filtern, wobei das Brühgut ebenfalls mit der Hand ausgepreßt wird.

Nachdem Sie nun den gefilterten Sud dieser beiden Rohstoffpartien haben, nehmen Sie eine Porzellanschüssel (ca. 4 l Inhalt) und setzen das Haarkonzentrat folgendermaßen zusammen: Den Alkohol in die Schüssel geben und das Parfümöl darin lösen (ca. 10 Min.).

Dann rühren Sie mit dem Schneebesen den Kräutersud ein und erst danach den Gewürzsud. Rühren Sie nun gemächlich nochmals 10 Min., dann ist das Haarkonzentrat fertig. Füllen Sie es in 100 ml fassende Apothekerflaschen und bewahren sie an einem dunklen trockenen Ort auf. Damit haben Sie einen Vorrat für die kurmäßige Anwendung. Verderben kann das Haarkonzentrat nicht, da der Alkoholgehalt für natürliche Konservierung sorgt. Die Anwendung geschieht ebenfalls, entsprechend der Schwere des Haarschadens, also 1 bis 3 mal täglich einige Tropfen in die trockene Kopfhaut einmassieren.

Wirkung: Dieses Haarkonzentrat beinhaltet alle wesentlichen Stoffe, die zur Regeneration Ihrer Haare bzw. Ihres Haarbodens notwendig sind. Das heißt, wenn es eine Möglichkeit gibt, Ihre Haarprobleme zu lösen, wird es dieses Haarkonzentrat tun! Erwarten Sie aber keine Wunder „über Nacht". Die Stetigkeit der Anwendung, in Verbindung mit einer exakten Beobachtung auch des Haarflaums ist für den Erfolg unabdingbar. Eines aber ist sicher, in jedem Falle wird es eine positive Veränderung Ihrer Haarstruktur geben und das wird man sehen. Und Sie werden niemals mehr irgendwelche „Wundermittel" für viel Geld kaufen!

Ein Hinweis ist noch wichtig: Das Haarkonzentrat kann auch bei Kindern (schütterer Haarwuchs) sowie bei Frauen (Haarschäden durch Färbung, Dauerwelle usw.) angewendet werden. In den Fällen empfiehlt es sich allerdings, das Haarkonzentrat im Verhältnis 1:1 mit destilliertem Wasser kalt zu verdünnen, ebenso bei anfänglichem Brennen auf der Kopfhaut.

Zum Abschluß dieses wichtigen Kapitels, das Sie oft rekapitulieren sollten, möchte ich zusammenfassend feststellen: Sie, meine verehrten Leser, haben nunmehr die phantastische Möglichkeit, den Zustand und die Qualität Ihres Haarkleides künftig mitzubestimmen, nicht gegen, sondern mit der Natur. Ergänzen Sie Ihr diesbezügliches Wissen, korrigieren Sie, wenn nötig, Ihre Einstellung zum natürlichen Dasein! Es werden Ihnen immer neue Erkenntnisse offenbar werden. Schließlich sind Sie ein glücklicher, zufriedener Mensch, der dem Leben positiv gegenübersteht.

SCHÖNHEIT VON INNEN, WAS IST DAS?

Mit „Schönheit von innen" meine ich nicht die abstrakte Schönheit, die durch bestimmte Medikamente oder Kosmetika bewirkt werden soll, sondern die edle Schönheit, die aus der Seele stammt und dem Gesicht, den Augen, ja der ganzen Gestalt, Glanz und Würde - also in Wirklichkeit keine „Schönheit" - verleiht. Freilich ist das nicht selbstverständlich, obwohl alle Menschen die gleichen Voraussetzungen dazu besitzen. Aber warum ist das so?

Doch verweilen wir noch ein wenig bei der äußeren Schönheit, wobei ja „Schönheit", wie wir festgestellt haben, der relativste aller ästhetischen Begriffe ist, die durch Medikamenteneinnahme, von innen erreichbar sein soll. Allerdings bin ich davon überzeugt, daß das ins Reich der Fabel gehört. Immerhin machen große Pharma-Konzerne damit gute Geschäfte.

Was veranlaßt mich, das zu behaupten? Und wie kann ich es begründen? Nun, die Physiologie des menschlichen Körpers, seine funktionale, emotionale sowie evolutional bedingte Beschaffenheit lassen eine Veränderung individueller, genetisch bedingter Programmabläufe, also auch eine Veränderung des Äußeren, nicht zu. Allenfalls kann der Versuch unternommen werden, sogenannte „Mangelzustände" im Energiehaushalt des Körpers auszugleichen bzw. zu beseitigen. Das heißt, den Bedarf an Eiweißen, Vitaminen, Mineralstoffen und Spurenelementen sicherzustellen, indem neben der normalen Nahrung zusätzlich solche Stoffe eingenommen werden. Im Individualfall, unter Kontrolle eines Experten, kann das zur Rekonvaleszenz, nach Krankheitszuständen, wohl angezeigt sein, wenngleich auch das umstritten ist. In den Fällen jedoch, wo wahllos nach eigenem Gutdünken nach irgendwelchen „Aufbaupräparaten" oder „Schönheitsmitteln" gegriffen wird, ist das reine Geldverschwendung. Der Körper nimmt diese Stoffe zwar meist unbeschadet auf, jedoch ohne nennenswerte Verbesserung des körperlichen Energiehaushaltes. Es geht kein Weg daran vorbei, ausgewogene Speisen und Getränke sind die Energielieferanten des menschlichen Körpers, nichts sonst.

Mangelzustände können nur dann eintreten, wenn entweder die Organfunktion, aus welchen Gründen auch immer, beeinträchtigt ist oder die Lebensweise - vorwiegend durch falsche Ernährung - denaturiert ist. In unserer Zeit zählt der übermäßige Genuß bzw. Konsum von Nikotin, Alkohol, Koffein, diversen Rauschmitteln und Medikamenten dazu. Stellen Sie das ab, sofern Sie davon betroffen sind, dann haben Sie die abstrakte „Schönheit von innen", die nichts anderes ist, als den Normalzustand körperlicher Gegebenheiten wieder herzustellen.

Eine gute Möglichkeit, den Energiehaushalt des Körpers auf natürliche Weise zu unterstützen und damit das Äußere positiv zu beeinflussen sind gezielt angewendete Trinkkuren, hergestellt aus frischen Obst- und Gemüsesäften. Man macht sie am besten selber, eine Obst- oder Gemüsepresse findet sich heutzutage in fast jedem Haushalt. Wenn nicht, lohnt es sich, eine solche anzuschaffen. Allerdings müssen bei der Herstellung wie auch Anwendung ein paar Regeln beachtet werden:

1. Erstellen Sie einen 30-Tageplan (länger sollte die Trinkkur nicht dauern), aus dem hervorgeht, welchen Obst- oder Gemüsesaft Sie auf den einzelnen Tag bezogen trinken wollen. Machen Sie das in einem Rhythmus von 3 Tagen Obst-, dann 3 Tage Gemüsesaft. Innerhalb dieser 3 Tage kann die Obst- oder Gemüsesorte gewechselt werden. Welches Obst oder Gemüse Sie verwenden wollen, überlasse ich Ihrem Geschmack. Ihr Körper wird Ihnen die richtige Auswahl aus den folgenden Obst- und Gemüsesorten durch Verträglichkeit treffen lassen. Sie können aber auch Obst zu Obst und Gemüse zu Gemüse kombinieren.

2. Stellen Sie immer nur eine Tagesmenge her. Die Menge richtet sich nach Ihrem Körpergewicht, kann jedoch 10 % unter- oder überschritten werden. Als Faustregel gilt: Pro 1 kg Körpergewicht 2 ml Saft täglich. Das betrifft Frauen und Männer gleichermaßen. Bei Kindern genügt die Hälfte. Zwei Beispiele hierfür: Ein Erwachsener mit 70 kg Körpergewicht kann täglich 140 ml Saft trinken. Ein Kind mit 30 kg Körpergewicht hingegen nur 30 ml.

3. Trinken Sie die Säfte immer bei leerem Magen, aber nicht mit anderen Nahrungsmitteln gleichzeitig. Die Säfte müssen schluckweise getrunken und mit dem Speichel gut durchmischt werden. Vermeiden Sie unbedingt zu hastiges Trinken, es könnte den Blutzuckerspiegel durcheinander bringen. Und hier eine Auswahl adäquater Obst- und Gemüsesorten:

Obst: Äpfel, Birnen, Bananen, Ananas, Aprikosen, Mandarinen, Orangen, Pampelmusen, Pfirsiche, Pflaumen, Kirschen, Weintrauben, Zitronen, Erdbeeren, Brombeeren, Heidelbeeren, Himbeeren, Johannisbeeren, Stachelbeeren.

Gemüse: Endiviensalat, Feldsalat, Kopfsalat, Artischocken, Auberginen, Brokkoli, Kartoffeln, Karotten, Knoblauch (nur zur Beimengung), Rhabarber, Blumenkohl, Grünkohl, Rosenkohl, Rotkohl, Weißkohl, Wirsingkohl, Kohlrabi, Kürbis, Radieschen, Rote Beete, Spargel, Steckrüben, Sellerie, Löwenzahn, Zwiebeln.

Manches Obst oder Gemüse ist nicht sehr saftergiebig. In solchen Fällen kann die Frucht zerkleinert gegessen oder angedünstet (nicht kochen) verzehrt werden. Die jeweiligen Mengen entsprechen dann der angegebenen Saftmenge in Gramm.

Eine wichtige Anmerkung: Wie auch immer Sie Ihre Obst- oder Gemüseauswahl treffen, der Energiehaushalt Ihres Körpers wird auf natürliche Weise ergänzt und das kann weitreichende positive Folgen nach sich ziehen.

So weit der physische Teil. Was aber weit schwieriger wieder ins Lot zu bringen ist, ist der desolate Seelenzustand unzähliger Menschen, der sich im Äußeren negativ bemerkbar macht. Bereits im Kindesalter - manche Wissenschaftler behaupten sogar, im Embryonalen Zustand - beginnt häufig eine Verkümmerung der Seele, weil die Lebensordnung nicht mehr stimmt. Obwohl die Seele ebenfalls einen abstrakten Begriff darstellt, ist sie doch für alle Menschen, insbesondere Christen, das Bindeglied zwischen dem Göttlichen und dem Menschen. Moraltheologisch betrachtet beruht darauf unsere Gesellschaftsordnung mit dem Glauben, der Ehrfurcht, der Würde und der Liebe. Aber auch der Unzulänglichkeiten, Ungerechtigkeiten und allem Negativen schlechthin.

Wie erklärt sich das? Ist da nicht ein unüberbrückbarer Widerspruch vorhanden? Nein! Das Gute, das Friedvolle, das Segen Bringende in uns ist nicht einfach da wie Sonne, Mond und Sterne sichtbar vorhanden sind. Es ist ein Mysterium, uns dieser Leben erhaltenden, uns allen innewohnenden Fähigkeiten bewußt werden zu dürfen. Das aber setzt einen Reifeprozeß voraus, in dessen Entwicklung Zweifel, Unglaube und daraus resultierende Ungerechtigkeiten, ja Haß, unvermeidbare Begleiterscheinungen sind. Und das drückt sich nicht zuletzt im Habitus der Menschen positiv oder negativ aus.

Wir heutige Menschen durchschreiten gerade das Endstadium des Jahrtausende währenden Reifeprozesses, an dessen baldigem Ende – hoffentlich! - eine Welt stehen wird, in der Mensch, Kreatur und Natur in Frieden und Eintracht miteinander leben und existieren werden. Die Wertvorstellungen, die heute noch unverzichtbar zu sein scheinen: Hab und Gut, Egoismen, Machtbestrebungen, werden bedeutungslos sein. Der Bewußtseinswandel der Menschen läßt sich nicht mehr aufhalten. Alle scheinbaren Extreme innerhalb der Gesellschaften und Generationen unserer Tage sind nichts anderes als Mosaiksteine dieses Prozesses. Das Erkennen, daß letztlich Ursache und Wirkung ineinander fließen, fällt uns freilich noch sehr schwer. Aber wir werden dieses „Erkennen" lernen, indem wir die Grenzen dessen erkennen werden, was menschlich und ethisch vertretbar und notwendig ist. Im Gegensatz dazu wird sich der Fortschritt, das Machbare, eine überdimensionierte Lebensqualität, die ohnehin nur rhetorischen Wert besitzt, eines Tages von selbst beschränken. Geschieht das nicht, wären absolute Vermassung der Menschen, Dekadenz bis hin zur Auflösung menschlich-kultureller Strukturen, die unausweichliche Konsequenz, und dazu darf es niemals kommen.

Den Naturgesetzen zu folgen, Art und Leben zu erhalten, der ewig währenden Evolution nicht ernstlich in den Arm fallen zu können, Schöpfungsvorgaben, denen wir Menschen folgen müssen, soll unserer Spezies erhalten bleiben.

Das Unbewußte in uns Menschen weiß das alles, aber es bleibt verborgen, weil unsere philosophischen Fähigkeiten unterentwickelt geblieben sind. Aber auch das wird sich positiv ändern, weil es einen wichtigen Teil des Reifeprozesses darstellt. Zunächst aber sind wir noch in der Mehrzahl dem rein materiellen Denken und Handeln verhaftet. Jedoch mehrt sich die Zahl derer, die intuitiv erahnen, daß unser materielles Dasein in den Schöpfungsplan gehört, jedoch nur ein Übergangsstadium ist. Einige wenige Menschen waren und sind in der Lage, ein Wissen um diese Dinge zu haben. Von ihnen wissen wir das, was unser Leben im Grunde lebenswert macht und durch uns immer neue Generationen werden läßt - bis zur Vollendung des Schöpfungsplans.

Das und vieles mehr drückt sich unbewußt in den Gesichtern, im Wesen, ja in der Gesamtheit menschlicher Empfindungen aus. Man ist mit sich selbst nicht mehr zufrieden, weil man verwirrt ist und falschen Idealen nachjagt, die ohnehin abstrakt sind und bleiben werden. Viele Menschen beklagen ihr Äußeres, aber in Wirklichkeit und Wahrheit beklagen sie ihre kranke Seele, die das Äußere, selbst bei sogenannten „schönen Menschen", häßlich erscheinen läßt. Und sie sehen sich selbst, ihre Mitmenschen, die Umwelt, mit ihren Trostlosigkeit vermittelnden Augen.

Die Zahl derer, die sich einer psychiatrischen Behandlung unterziehen, wächst unaufhaltsam. Man erhofft sich davon gewissermaßen eine „Aufschlüsselung" seiner Seele, in der Hoffnung, erkannte Schäden „reparieren" lassen zu können, wie bei einem technischen Gerät. Das ist ein Trugschluß und endet häufig in neuerlichen Depressionen und Verwirrungen. Das wiederum belastet das Unbewußte und führt letztlich zur Verzweiflung am Leben.

Damit bezweifle ich gar nicht den Wert einer guten, fachmännisch durchgeführten psychiatrischen Therapie. Aber sie hat ihre Grenzen im eigenen, mental-materialistischen Grundmuster des Therapeuten. Was wohl mehr wiegt, ist das unbedingte Vertrauen des Patienten zu seinem Therapeuten. Abstrakte Wissenschaft, und dazu zählt nun einmal die Psychiatrie, bleibt unbeweisbar. Erfolge beruhen auf der Annahme, daß sich im seelischen Bereich etwas geändert hat bzw. verändert worden ist. Der Beweis hierfür kann nur schematisch oder rhetorisch geführt werden. Rational faßbare Grundlagen gibt es bis heute nicht.

Das bedeutet - und damit komme ich auf die Ausgangsfrage zurück - eine kranke Seele ist eine Individualität, der über längere Zeit „geistige Nahrung" vorenthalten worden ist und damit verkümmern mußte. Und das kann sich freilich auch auf ein menschliches Embryo übertragen. So gesehen, haben die Wissenschaftler recht, die bereits einen seelischen Schaden des Embryos für möglich halten, wenn die Psychohygiene (seelische Gesundheit) der Mutter gestört ist. Trotzdem ist Hilfe möglich, aber nur durch und mit sich selbst - und mit rational faßbaren Methoden.

Aber soviel sei festgestellt: „Schönheit von innen", was auch immer der einzelne darunter versteht, kann nur funktionieren, wenn die „Seele" gesund ist. Alles andere ist Kosmetik, mit fraglichen „Erfolgen". Den Seelenzustand zu verbessern ist jedem möglich, der bereit ist, sich den kosmischen Kräften zu öffnen. Allerdings muß das „erarbeitet" werden - und es geht nicht von heute auf morgen.

Ich will Ihnen dazu einen Leitfaden geben, der individuell geändert oder durch eigene Erfahrung ergänzt werden kann. Ein starres Schema kann es deswegen nicht geben, weil es niemals zwei gleiche Seelen geben wird. An dieser Tatsache scheitern viele Menschen, die mit „genormten" Meditationen, praktischen Verrichtungen, Übungen und Verhaltensweisen sich zwar sehr engagieren, jedoch vom mäßigen Erfolg enttäuscht, sich wieder abwenden. Das aber muß unbedingt vermieden werden - und das ist auch möglich.

Grundsätzlich gilt: Innere Energie kann nur dann aktiviert werden, wenn der „Schutt der Seele" beseitigt worden ist. Erst dann ist der Einklang mit den kosmischen Kräften möglich. Das aber setzt wiederum voraus, daß das Körper-Seele-Geist-Prinzip (die Psychosomatik) geordnet sein muß. Wir haben es also hier mit zwei Problemstellungen zu tun, die zwar im Ergebnis zusammengehören, jedoch getrennt zu bewerten sind, weil sie verschiedene Qualitäten aufweisen.

Während der „Schutt der Seele" dadurch entsteht, indem unbewältigte Lebensprobleme eine negative Lebenseinstellung manifestiert haben, ist ein in Unordnung geratenes Körper-Seele-Geist-Prinzip in erster Linie auf eine denaturierte Lebensweise zurückzuführen. Hier fließen Ursache und Wirkung letztlich ineinander. Die Psychobiologie (Lehre von der Wirkung des Geistes auf das ganze Nervensystem) sagt aus, daß seelisch-geistige Störungen funktional auf das ganze Nervensystem einwirken und somit zu „Fehlerinnerungen" (Pseudomnesie) führen können. Das drückt sich dann in Überzeugungen aus, die der gelebten Wirklichkeit nicht entsprechen, also irrational sind. Damit haben Sie auch eine Erklärung dafür, wenn sogenannte „rechthaberische Menschen" auf ihren Standpunkt beharren und das ganze dann in einen mitunter folgenschweren Streit ausarten kann.

Mir kommt es nun nicht darauf an, Ihr Persönlichkeitsbild zu verändern (was auch kaum möglich ist), sondern darauf, das Negative in Ihnen erkennbar zu machen, aufzulösen und zu beseitigen. Gelingt das, wird Ihre Seele frei von „Schutt" sein und das Körper-Seele-Geist-Prinzip läßt Sie leicht wieder zu dem werden, was der Schöpfungsplan vorausbestimmt hat, nämlich zu einem frohen, glücklichen Menschen, der die Welt positiv sieht. Dann haben Sie auch die „Schönheit von innen" und wissen nun, was sie bedeutet.

Aber nun gehen wir den entscheidenden Schritt weiter, der den „Schutt" Ihrer Seele beseitigen und das Körper-Seele-Geist- Prinzip wieder in Ordnung bringen wird: Gehen wir davon aus, daß, philosophisch betrachtet, nichts so negativ sein kann, als daß es nicht auch etwas Positives in sich trüge - und umgekehrt. Wenn wir diesem Gedanken folgen, was bereits zu positiverem Denken führt, zwingt uns die Logik, nach Brücken zu suchen, die Positiv und Negativ miteinander verbinden, ja verbinden müssen. Die Konsequenz daraus muß die Auflösung beider Begriffe sein, im seelischen wie auch sachlichen Sinne. Was daraus folgt, ist die Notwendigkeit, mittels unseres subjektiven Sprachschatzes die so neutralisierten Begriffe in neue verbindende Sinngebungen zu verwandeln. Ist das geschehen, haben wir eine neue Grundlage des Denkens (und auch Handelns) geschaffen. Mit anderen Worten: Der seelische „Schutt" ist abgeräumt und es ist Platz für neues positives Denken. Das hört sich kompliziert an, ist jedoch relativ leicht zu formulieren und durchzuführen.

Wenn Sie nun noch lernen, die gewonnenen Erkenntnisse verstandesmäßig umzusetzen, haben Sie für immer, für alle Lebenssituationen, die unvergleichliche Möglichkeit, ein positives Dasein zu führen, nichts Negatives kann mehr an und in Ihnen haften bleiben - es ist alles auflösbar. Ihre Seele bleibt frei von negativer Beeinträchtigung. Wie das praktisch zu erreichen ist, erfahren Sie jetzt:

Meine beispielhafte Definition, die alles Negative, seelisch Belastende, zur Auflösung bringt und damit die Seele von „Schutt" befreit, lautet so: „Die Vergangenheit hat mich gelehrt, daß nicht alle Wünsche in Erfüllung gehen können und dürfen - und manche waren überzogen. Daher werde ich meine Zukunft so gestalten, daß ich Haß mit Liebe vergelten, Enttäuschung mit Hoffnung verbinden, gegen mich gerichtete Verunglimpfung mit Verzeihen bedenken, Lebensüberdruß mit festem Glauben überwinden und mein Schicksal gelassen entgegennehmen werde." In diesem Beispiel sind alle Elemente vorhanden, die eine neue Grundlage des positiven Denkens praktisch erzwingen.

Damit ist aber der dauerhafte Erfolg Ihres Bewußtseinswandels nicht unbedingt gesichert. Um das zu erreichen, bedarf es zusätzlich der Meditation. Meditation bedeutet ja, sich den kosmischen Kräften zu öffnen, sich mit ihnen zu verbinden und daraus die Kraft zu gewinnen, mit der Sie individuell alles Negative, Störende, für immer aus Ihrem Leben verbannen werden.

Zur Ausführung der Meditation ist es wichtig, das an einem ruhigen, störungsfreien und nicht allzu hellen Ort zu tun. Frische Luft ist ebenso wichtig. Es kann in einem Raum geschehen, was die meisten tun, aber auch in der Natur, wobei der freie Himmel eine intensivere Verbundenheit mit der Schöpfung vermittelt. In jedem Falle nehmen Sie eine sitzende Position ein: Die Arme hängen frei herunter, der Kopf ist leicht nach vorn geneigt, die Augen geschlossen und die Beine werden, soweit es Ihre Gelenke erlauben, übereinander geschlagen. Wer dazu in der Lage ist, kann auch den „Lotussitz" einnehmen.

Haben Sie Ihre Position eingenommen, verharren Sie zunächst einige Minuten, ohne bewußt zu denken. Lassen Sie Ihren Gedanken freien Lauf. Dabei atmen Sie ständig aus dem Bauch heraus (das ist sehr wichtig). Nach einer Weile wird Ihr Kopf ohne störende Gedanken sein, Ihr Körper wird leicht und leichter - Sie spüren ihn nicht mehr.

Das ist der Zeitpunkt, wo Ihre wirkliche Meditation beginnen muß. Resignieren Sie aber bitte niemals, wenn das nicht auf Anhieb gelingt. Auch hier gilt: üben, üben, üben.

Auf unsere Sache bezogen meditieren Sie in der Weise, daß Sie sich zunächst Ihre negative Position vorhalten, um diese dann, mit überleitenden Gedanken, ins Positive zu verkehren. Je gründlicher dies geschieht, um so schneller wird der „Schutt" Ihrer Seele dauerhaft beseitigt sein. Meditieren Sie aber immer nur über eine Sache!

Was Sie insgesamt erreichen werden - sofern Sie mein Konzept ernsthaft betreiben - ist folgendes: Ohne Ihr Persönlichkeitsbild zu verändern, gelingt es Ihnen, Ihre Seele von allem Negativen zu befreien und künftig freizuhalten. Damit steht Ihnen ein glückliches Leben offen: Wohl weiterhin mit Höhen und Tiefen, Hoffen und Bangen, Freude und Leid, Glück und Unglück, jedoch wirken in Ihnen die freigesetzten kosmischen Kräfte so stark, daß Ihre Seele von nun an immer in der Lage sein wird, das in Ihr Leben tretende „Negative" aufzuarbeiten. Meditieren Sie so oft wie es Ihnen ein Bedürfnis ist, zuletzt wird es aus Freude und Überzeugung geschehen. Dann haben Sie die Erkenntnis des wahren Lebens gewonnen. Das wird Ihre Umwelt mit allem, was darin vorhanden ist, positiv verändern - und das drückt sich dann auch in Ihrem Äußeren aus: Weil Sie die „Schönheit von innen" erworben haben.

NACHWORT
WIR SIND NICHT OHNE MACHT

Bei einem durchgehenden Buchthema erübrigt sich in der Regel das Schreiben eines Nachwortes. Nicht so bei einem Buch wie diesem, dessen Grundthema zwangsläufig elementare Lebens- bzw. Überlebensinteressen der Menschheit, und damit der ganzen Schöpfung, berühren mußte. Hier ist es notwendig, die Essenz des Buches in einem Nachwort herauszustellen.

Die wesentlichen physiologischen, dermatologischen, psychologischen und therapeutischen Aspekte von Haut und Haaren sind ausreichend erklärt. Die für die Selbstherstellung von natürlichen Haut- und Haarprodukten aufgeführten Rezepturen sind leicht nachvollziehbar und werden Ihnen helfen. Die aufgeworfenen gesellschaftspolitischen, ethischen, religiösen sowie individuell relevanten Fragen konnten im Rahmen dieses Buches nur grob behandelt werden. Die gegebenen Antworten jedoch sind repräsentativ für die grundsätzlichen Probleme unserer Zeit und geben allen Lesern meines Buches die Chance, einen Bewußtseinswandel zum Positiven einzuleiten.

Die Gnadenlosigkeit politischer Systeme, die Unbarmherzigkeit finanziell orientierter Interessengruppen, der Alleinanspruch religiöser Gemeinschaften auf die einzige, alleinige Wahrheit, der Egoismus meist privilegierter Schichten und schließlich die Skrupellosigkeit, mit der Menschen andere Menschen töten bis hin zur Selbstvernichtung! Das alles belastet die Menschen und die Natur, weil es gegeben ist. Das alles ist aber auch Teil des Reifeprozesses, von dem ich sprach. Bewähren wir uns nun nicht, wird die Spezies „Mensch" eines Tages von der Erde verschwinden. Die Erde selbst, mit einer Vielfalt von Kreaturen und Pflanzen, wird jedoch Bestand haben, denn das zu zerstören liegt nicht in unserer Macht. Wir können uns immer nur selbst ausrotten - nicht das Leben selbst, die Natur, und schon gar nicht den Schöpfungsplan durchkreuzen. Werden und bleiben wir uns dessen immer bewußt - das ist meine Mahnung, das wollte ich mit diesem Buch erreichen und aufzeigen, daß der Einzelne durch einen positiven Bewußtseinswandel nicht nur sich selbst, sondern der Schöpfung dient. Und das ist die Macht, die ich meine, die jeder von uns besitzt.

Eines aber überstrahlt das Vergängliche, was selbst Unmögliches möglich werden läßt: Die alles überwindende Liebe! Sie wird immer da sein, sie läßt sich auf Dauer nicht unterdrücken oder verleugnen, sie ist auf ewig die alles verbindende Kraft, die Gegensätze, Haß, Kriege, Egoismen und Unglaube nicht nur überwinden wird, sondern den Schöpfungsplan letztlich auf dieser Welt Wirklichkeit werden läßt: Wir alle werden Brüder und Schwestern sein, dem Heimatsuchenden Heimat gewähren, dem Andersgläubigen zuhören und seinen Glauben zu begreifen versuchen, die Hilflosen und Kranken in unsere Obhut nehmen.

Tragen Sie dazu bei, Ihr Lohn wird unvergleichlich hoch sein: Ein Leben in Gesundheit, Glück und Zufriedenheit.

KURT TEPPERWEIN & FELIX AESCHBACHER

OUT-BURN - Burn-out umkehren
Der Ausweg aus der Erschöpfungsfalle

Burn-out Betroffene fühlen sich oft nicht ernst genommen und im Stich gelassen. Für ihr Umfeld sind ihre Aussagen von außen betrachtet schwer nachzuvollziehen. Es ist an der Zeit, diese schwerwiegenden Symptome ernst zu nehmen und sie als Erkrankung zu respektieren. *Doch wie kommt es zu Burn-out? Was können wir tun um es zu verstehen, ihm entgegenzuwirken und vorzubeugen?*

Wenn Psyche, Emotionalebene und Körper in Mitleidenschaft gezogen sind, wird der Alltag zum Dreh- und Angelpunkt der Ausweglosigkeit. Mensch steckt fest. Befreiung kommt immer von innen, auch wenn sie von äußeren Komponenten begleitet und unterstützt wird. *Die Gründe für Burn-out wirklich zu erkennen und zu erfassen, benötigt mehr als fachliches Wissen. Eine innere Klarheit und eine unpersönliche Betrachtungsweise sind unumgänglich.* Dies bedeutet, über die Grenzen des Verstandes hinauszugehen und die Antwort in sich selbst zu finden. Um die Wurzel des Leidens aufzuspüren, wurde dieser Leitfaden geschrieben. Aber auch den Familien und dem Umfeld der Betroffenen soll es eine Hilfestellung sein.

Für den, der die Anregungen und ganzheitlichen Ansätze gelesen und verinnerlicht hat, beginnt der eigentliche Teil, nämlich die Praxis. Die theorie- und praxisbezogene Aufgliederung dieses Buches wird von einem spannenden und tiefgreifenden Bericht einer ehemaligen Burn-out Betroffenen abgerundet, die heute dankbar auf ihren einst leidvollen Weg zurückblicken kann.

Da Krankheit in ihrer Ursache nicht materialistisch ist, braucht es alternative Wege, um sie zu verstehen und sich mit ihr auszusöhnen.

ISBN: 978-3-7322-9156-4

KURT TEPPERWEIN & FELIX AESCHBACHER

LEBEN IM JETZT - STARTKLAR FÜR DAS MORGEN

Die ganze Welt spricht von einer Veränderung in der Bewusstseins-haltung des Menschen. Die Zukunft macht uns Angst und verläuft uns zu eintönig. Sie ist mit allerlei Schwierigkeiten und Zwischenfällen gespickt, die wir nicht in unser Leben eingeladen haben.

Wie kann man sich auf die Zukunft mit all ihren Herausforderungen vorbereiten? Was können wir tun? Wie geht es weiter? Können wir auf das, was kommt, Einfluss nehmen? Und kann man in schwierigen Lebensabschnitten überhaupt gelassen bleiben und Freude empfinden?

Kurt Tepperwein und Felix Aeschbacher beleuchten diese und viele andere Fragen. Sie verweisen unter anderem auf den Augenblick, in dem Veränderung geschieht. *Dieses Buch ist viel mehr als ein Begleiter, es ist auch ein Arbeitsbuch und Wegweiser, um mit Ängsten und Zweifeln gekonnt umzugehen.* So manch eine Lebenssituation stellt eine große Herausforderung dar. Der Mensch stößt an seine Grenzen. *Die Verfasser holen den Leser genau hier ab und tauchen in den Kern der Problematik ein.*

Mit spannendem Erfahrungsschatz und vielfältigen Einsichten warten die Autoren mit frischem und neuem Logo „*Die neue Generation*", *Tepperwein & Friends* auf, um den Menschen Mut zu machen und dazu einzuladen, sich selbst sowie das Leben zu erforschen und so der Wirklichkeit ein Stück näher zu kommen. Verschließen wir nicht unsere Augen und lassen wir den Deckmantel „Ego" hinter uns, damit sich die Freiheit und Schönheit einer Welt von morgen bereits heute einstellen, erkennen und erleben lassen kann.

ISBN: 978-3-7322-0566-0

Kurt Tepperwein & Felix Aeschbacher
Ab heute bin ich frei!
Befreiung aus dem Ego-Labyrinth
Das Zeitthema Nr.1: „Innere Kündigung"

ISBN: 978-3-7357-9253-2

Kurt Tepperwein & Felix Aeschbacher
NIE ODER JETZT!
Aufbruch zur wahren Identität
Der ultimative Lebensnavigator

ISBN: 978-3-7357-7925-0